知的生きかた文庫

生きる喜びは、仕事とともにある
ヒルティの幸福論

カール・ヒルティ
齋藤孝　訳・解説

訳者解説

ヒルティの名著『幸福論』は、読んだ人が「必ず幸せをつかむ」人生の教科書

齋藤 孝

本書は、世界中の人々を魅了してきた名著、ヒルティの『幸福論』の中から、いまを生きる私たちにとっての大事なエッセンスを新たに訳出したものである。

私とヒルティとの出会いは高校生のときだった。

当時は、かつての旧制高校の気風の名残もあったのか、「人生とは何なのか」「人生に意味を見出したい」「自分の人生を価値あるものにしたい」という思いを抱くことが、その年代の若者にとって一種の流行だった。

私も「幸福論」「人生論」と題するものを、片っ端から読んだものである。

「人生論」の大家には、ゲーテという超大物もいる。ゲーテも「人生をいかに生きるべきか」について、事細かなアドバイスを残している。

しかし、ゲーテの場合は、芸術家としての人生論であり、感情の起伏が非常に激しい。もちろんその「激しさ」が魅力でもあり、ヨーロッパではゲーテの生き方は一つのモデルとなった。

「疾風《しっぷう》怒《ど》濤《とう》の青春」のイメージとでもいうべきだろうか。いまのロックのような「叫び系」の音楽も、その流れだろう。

ところが、青年時代だからといって、何もそんなに暴れ回らなくてもいいわけで、その点、ヒルティは、実に堅実なアドバイスをしている。

たとえていえば、「明日死ぬなら」と考えるのではなく、**「春に種をまけば、秋にはかなりの確率で収穫できるだろう、という確信のもとに準備をする」**という考え方である。

ヒルティは弁護士でもあり、大学教授でもあるという実務に長《た》けた人だった。

だからこそ、本書は、ゲーテのような芸術家的な「特殊な才能を持つ人の特殊な幸せ」ではなく、日々、実務をこなしていく中で幸福を得るためのアドバイスがつまっているのである。

私は、これは「幸福論」というよりも、「幸福術」というべきだと思う。それほど、具体的ですぐに実行できることばかりだからだ。

◆「人生の中で〝一番長く使う時間〟を幸せに過ごす」方法

ヒルティは「一番簡単に〝最高の幸せ〟を得る方法」を示している。

それは、彼らしい実に合理的な考え方に基づく。

「人生の中で〝一番長く使う時間〟を幸せに過ごすこと」

というのである。

私たちは、人生のかなりの時間を仕事にかけざるを得ない。

そこで、ヒルティは『幸福論』のページの多くを、**「仕事をしている時間を幸福に感じるためにはどうしたらいいか」**に割いているのである。

この時間以外に、幸福や生きがいを見出そうとするならば、人生のほとんどの時間が無意味になってしまう。

もし「仕事は余暇のためにある」と考えたならどうだろう。そうなると、月曜から金曜までは土日のためだけにあり、その間はいわば息を詰め、できるだけ速く過ぎ去ることだけを願って暮らすことになってしまう。

そうなると、量的にいってもほとんどの時間が「自分にとってのマイナスの時間」になってしまう。これでは幸せな人生とはいえないだろう。

では、どうやったら、仕事という「一番長く使う時間」を幸せに過ごすことができるのか。

ヒルティの答えはたった一つだ。

「仕事の〝内側〟に入れ」

これが、幸福になる一番手っ取り早く、確実な方法だというのである。

〝内側〟とは何だろう。

仕事も勉強も似通った点がある。それは、どちらも最初にやるときはむずかしいが、一度やれば次第にラクに楽しくできるようになるという点だ。

私は高校時代、歴史の暗記が大嫌いだった。日本史や世界史からは逃げ回っていた。「なんで年号なんか覚えなければならないんだ?」という疑問から、どうしてもやる気にならなかったのである。しかし、そうはいっても、受験は刻々と近づいてくる。納得はしていなくても、嫌でも勉強しなければならない。

そこまで追いつめられて、「もう仕方ない、やるしかない」と腹を決めた。逃げ回るのをやめて、苦手な歴史と向き合うことにしたのである。

そうと決めて教科書を開いたが、なかなか頭に入らない。そこで、教科書に出ていることを図解にして、自分の言葉でノートに書いていった。その図を見れば、教科書の内容が思い出せるようにしたのである。

この作業を続けているうちに、あれほど嫌っていた暗記がそれほど苦しくなくなった。教科は違えど、このような勉強法で効果をあげた人は多いのではないか。

これはちょうど、ちょっと肌寒い日にプールに入るのと同じことだ。

最初は冷たい水に入るのが嫌でたまらない。入った瞬間は震え上がる。しかし、長く入っていると、冷たさがまったく気にならなくなってくる。かえって、水から上がりたくなくなるのである。

ランニングもそうだ。走り始めて最初の一〇分、二〇分はきつい。ここでやめたくなるのを我慢して走り続けていると、走るのがだんだん気持ちよくなってくる。いわゆる〝ランナーズ・ハイ〟だ。

このように、何事に対しても、ぐっと腹を据えて立ち向かうことで、その〝内側〟に入っていけるのだ。そして、一度やってみると、次にやるのは易しくなる。はじめての場所を訪れるとき、地図を見ながら目的地を探すのは大変だ。しかし、一度行ってしまうと、二度目からは苦もなくたどりつける。

仕事も勉強も同じ。一回目はやり終えるのに時間もかかるし、得られる成果も少ない。が、二回目以降はスムーズにできるようになり、〝収穫〟は大きい。たとえ、単語を覚えるような単純なことでも、一回目にできなかった箇所を入念にやればいいので、短い時間で高得点を得ることができる。

負担はどんどん減っていくのに、収穫はみるみる増えていく。〝収穫〟イコール〝幸福感〟だ。この好循環を早く巻き起こすことが、幸福度を高める方法の一つなのである。

◆幸福の達人からの「大事な忠告」

この前、タクシーに乗ったときのこと。

運転手さんが、実に楽しそうに仕事をしている。私が行き先を告げたときの反応や、運転中の会話や態度、そして、料金のやりとりや降車するときの挨拶まで、実に気持ちがいい。

多分、この人は、自分の仕事をプロフェッショナルとして仕上げることに没頭しているのだと思う。少しでも早く、安く目的地につけるよう、あらゆる情報を頭の中に巡らす。工夫の余地はいくらでもあるだろう。

そうすればお客さんも喜び、自分も達成感がある。この蓄積が次の仕事に活かされる。やればやるほど効率がよくなり、きっと収入も増えるに違いない。一日中運転し続けていても、疲れを感じなくなることだろう。

仕事に生きがいを持ち、幸福を感じながらやっていることが、こちら側に伝わってくる。まさしく、仕事の〝内側〟に入っているのだ。

この運転手さんの仕事ぶりに、幸福を手にするための大きなヒントがある。

同じ仕事をしていても、自分が考えて実行した「ちょっとしたクリエイティブな工夫」によって、成果が上がったり、相手に喜ばれたりすれば嬉しいものだ。

たとえば、あなたのアイデアで、商品を置く棚の位置をちょっと変えただけで、その商品の売上げが伸びたりすることはよくある話だろう。

こういう結果を目の当たりにすれば、幸福感に包まれる。

そして、幸福なだけでなく、それによってあなたは信用を得、評価が上がり、より大きな仕事を任されるようになる。

いま、目の前にある仕事の〝内側〟に入り、きっちりと仕上げていく。いい換えれば、仕事に没頭することで、やがてその部門の責任者に引き立てられ、自然にステップアップをしていくことができる。

ただし、こういう場合にも、ヒルティは一言、忠告を残している。

「ヒツジはどんな草を食べたか、吐き出して見せたりしない。ただ、食べたものを消化して乳を出すだけだ」

つまり、最初から評価を求めていては、幸福感は得られない。やった結果、ヒツジなら「乳を出す」ということで、まわりを納得させればいい、ということなのである。「自分はこんなに頑張っているのに」などと、はじめから評価を求めているような考えでは、幸福感は味わえないのである。

◆「今すぐやる」のが幸福への第一歩

ヒルティは**「小さなことでも一つひとつ仕上げていくことが大事だ」**といっている。そのためには、とにかく始めることだ。

ゲーテも、「絵を描くときは、いきなり大きな絵を描き始めるよりも、まずは小さな絵から始めて、それを仕上げてから次に進むべきだ」といっているが、まずは「始めてしまうこと」が幸福への第一歩なのである。

準備に時間をかけすぎないこと。それよりも、いち早く本題に取りかかる。それも毎日、できるだけ一定の時間を使って。

毎日毎日、「やる気」を出そうとするのは大変だ。しかし、やることを習慣にしてしまえば、「つらい」も「つらくない」もなくなる。気がついたら始めている――いうならば、「自動運転」だ。こうなればしめたものである。

アメリカのベストセラー作家であるスティーヴン・キングが『小説作法』の中で「ドアをとにかく閉めるんだ」と書いている。

「ドアを閉める」というのは、たとえば、午前中の何時間などと決めた時間帯は、仕事場のドアを閉めて、訪ねてくる人やかかってくる電話を全部シャットアウトするということ。そしてその間は、完全に自分の執筆だけに集中しなさいというのである。その時間帯が過ぎたら、手紙を読んだり、人に会ったり、好きなことをすればいい。

とにかく、一定の時間帯は完全に仕事に集中することが大事だというのである。ヒルティのいうことも同じ。この「決めた時間」は仕事に没頭する――それが習慣になったときに、やらないと気持ちが悪いように感じるようになる。

たとえば、朝の散歩なども同じかもしれない。

最初は、普段よりちょっと早く起きるのが億劫《おっくう》でも、一度習慣化してしまえば、心の負担が減るだけでなく、逆に、朝の気持ちのいい空気を胸一杯吸うことの喜びが生まれてくるのである。

◆少々「抵抗」があるほうが自分の実力を発揮できる

では、もっと大きな充実感や、深い幸福感を味わうためには、どうしたらいいだろう。

それは、ズバリ「適度な抵抗勢力」を自分の目の前に見つけることだ。

私たちは、自分が取り組むものがスムーズに運ぶことを望みがちだ。何にもぶつかることなく、思い通りに進めば、それが一番の幸せのように思っている。

だが、本当にそうなのだろうか。

自分の目の前にまったく抵抗がない状態は、一見、やりやすくてラクなようだが、実は、自分の本当の力、未知の力を引き出すことはできない。

自分の力が自分の頭や体にみなぎっているとき、その〝力感〟のようなものを感じたときに、私たちは大きな充実感を得るのである。

たとえば、野球で空振りをすると、すごく疲れる。同じ勢い、力でバットを振っても、ボールに当たるか当たらないかで、からだへの影響は大違いだ。

碁や将棋でもそうだろう。あまりに手応えがない相手では、かえって疲れるし、第一、やっていても面白くない。

一番いいのは、自分の力を上手に発揮させてくれる「適度な抵抗」があることなのである。

仕事がなかった石川啄木《たくぼく》は、『こころよく　我にはたらく　仕事あれ　それを仕遂げて　死なむと思ふ』と、全力を出し切れない不満を嘆いている。

そんな啄木でも、いざ、短歌となったときには、それに没頭して、短い時間で膨大な数の短歌をつくっている。啄木はきっと、その時間は自分の力が実感でき、充実し、アクティブな幸福感に浸っていたに違いない。

ここで疑問が生まれる人もいるだろう。

「〝負荷〟が重くては疲れてしまうのではないか」

という疑問だ。

週休二日に慣れた私たちは、どうも、「休まなければならない」という強迫観念にかられているように思う。

これは、「仕事はつらいもの」であるから休養や休暇が必要、という考えだ。

はたして本当にそうなのだろうか。

たとえば、あなたの手の指を見てほしい。

今まで生きてきて、「指が疲れた。指を休養させないといけない」と感じたことがあるだろうか。パソコンのキーボードを一日中叩いていて、手や腕が疲れることはあっても、指はそれほど疲れずに動くだろう。

もっとよく動くのが脳だ。

脳は筋肉に比べたら、非常に疲れにくいと思う。

気疲れや精神的な疲労はつらいが、そうではない「自分の意思で正しく脳を働かせている状態」は、相当長く続けていても疲れないものだ。

たとえば、「活字を読む」ことでも、脳にはある程度の負荷がかかっている。

しかし、たとえ一日中、頭を酷使し、疲れて帰宅する通勤電車の中でも、「本を読む」という負荷は苦にならない。苦どころか、それで疲れが癒される。

つまり、「軽い負荷」がかかった状態が、脳にとってそんなに不快ではないということなのだろう。

あまりに強い負荷はつらいが、軽い負荷をかけ続けることはトレーニングにもなる。それによって、自分の力が発揮しやすく、喜びを実感しやすい体質に変わっていく。

何かをやるときには、少々「抵抗」があるほうが、かえって達成感、充実度が高くなるというのは、このような点からもいえるのである。

◆毎日欠かさず、たくさんの幸福を味わう私の方法

ヒルティは、

「仕事の奴隷になるな。時間の奴隷になるな」

といっている。

つまり、仕事や時間に対して、自分が主導権を握ってコントロールしていくことの重要性を説いているのだ。

先にあげた、商品の置き方の工夫で成果を出した例にも見られるように、幸福感とは、「他人が与えてくれるもの」というよりも、「自分が感じ取っていくもの」だからだ。

ところで、おすすめの「幸福感を毎日、たくさん味わう簡単な方法」がある。

それは、ヒルティもいっているのだが、「目標達成ノート」をつけることだ。

「目標達成ノート」といっても、大層なものではない。

小さなノートや手帳でいい。

それに、今年一年でやっておきたいことや、この一カ月、あるいは今週一週間、といった細かい目標を設定して書いていく。

それを一つひとつ達成し、その項目を塗りつぶしていくのだ。

ダイエットをするのでも、自分が励んでいる状況を、知り合いに毎日報告するだけで、すごい効果があるという。

このように、メモや記録をしたり、人にいったりするというのは、「自分自身に対して報告する」という意味がある。

それによって、自分自身が暗示にかかった状態になり、「やるぞ！」という意識が高まるので、目標を達成しやすくなる。

たとえ小さな目標だとしても、やり遂げたときの達成感は大きい。

自分の力でできたことを実感することで、大きな幸福感が続々とやってくる。

◆一瞬で「黒」を「白」に変えてしまう幸福術

ヒルティのいう「幸福のつかみ方」は、実は私たち日本人に一番合っているのではないだろうか。

たとえば、私たちは、四季の移り変わりと自分とを重ね合わせて生きてきた。

桜が咲けば、その短くも美しい花の命をはかなむ。そして、毎年巡ってくる花を見て、人生に流れる時間という感覚を味わう。

また、月を見ることだって同じだ。昔から〝月〟は日本人にとって共通の〝娯楽〟だった。元手も何もいらない、タダの楽しみである。満月を見上げて一晩中楽しみ、一句詠む。これはどんな時代であれ、自分の世界の中で大いに幸福感に満たされる瞬間だっただろう。

ヒルティのいう「幸福」とは何だろう。

ズバリいうと、

「どんな状態が幸福なのか」

を考えるのではなく、

「幸福を感じる心構えをつくる」

ということだ。

幸福とは、私たちの人生の中で、一番「自分でどうにでもなること」といっていいだろう。いま、自分が置かれている状況など関係ない。

たとえば、明日もわからない戦国時代でも、幸福感を持つ人はいた。いつの時代も現代と比べれば大変だったことは間違いない。

そんなときでも、どんな苦難の道を歩んでいても、幸福感を感じた瞬間、それを肯定することができてしまう。

まるでオセロゲームのように、「黒」が「白」になる。

ドイツの哲学者ニーチェが「永劫《えいごう》回帰説」でもいっているように、私たちは悲しみや痛手の中からさえも、ある種の幸福を見出せるのである。

さあ、「黒」を「白」に変えよう。どんなに「黒」がたくさんあっても、一気に「白」に変えることができるのだ。

もくじ

1章 幸福に〝直結する〟仕事の方法

2章「充実時間」をもっと増やす智恵

3章 つらいときこそ「幸福」に近づいている

4章 「心」を整えて、おだやかに生きる

5章 誰でも世界一幸福な人になれる

編集協力――菅原佳子

1章

幸福に〝直結する〟仕事の方法

1 「仕事を楽しむ＝幸福」の絶対原則

仕事というと、「しなければならないこと」、つまり〝義務〟だと思っている人が多い。だから「つらく」なる。

そうではなく、私たちには〝働く権利〟があると考えたほうがいい。それだけで積極的になれる。この世で、仕事がないことほど不幸なことはないからだ。

仕事の種類や内容は、そうたいした問題ではない。どんな仕事でも、真剣に没頭すれば面白くなり、やがて心を引き込まれていく。仕事がもたらす創造と成功の喜びが人を幸福に導くのである。

ところが、「できるだけ働かずにすめばいいのに」と望んだり、「限られた時間だけ働いて、あとはのんびり遊んで暮らしたい」などと願っている人がいる。

これは大きな間違いだ。

働くことを嫌がっている限り、幸福感にひたることはできない。**人間の本性は、働くようにできているからだ。**

それなのに、なぜ、働くことがつらいのか。

多くの人が、「正しい働き方」を知らないからだ。正しい仕事の仕方を身につけている人は、いつの世にも、ごく少数しかいないのである。

仕事をするにも、一種の技術、コツがある。

そのコツをマスターすることは、あらゆる技術の習得以上に重要だといえるだろう。このコツさえ身につけてしまえば、他の知識や技術を身につけることはずっとたやすくなるからだ。

仕事は幸福になるための第一条件である。生涯をつらぬく仕事なしに幸福は考えられない。

以下、そのための「いい仕事」のやり方、進め方のコツを考えてみよう。

2 とにかく「できるところから手をつける」

仕事のコツの基本の基本、それは、「とにかく始めること」。

仕事の手順や時間配分ばかりに気を取られていると、時間を無駄に費やしてしまうばかりか、それだけですでに疲れてしまうことも少なくない。

たとえば、書類をつくる場合、表題をどうするか、一行目に何を書くか……というようなことにばかり気を取られていると、その段階でつまずいてしまうことが多い。こうしたことは後回しにして、自分が得意で、最もたやすくできるところから始めればいいのである。

私たちには〝想像力〟というものが備わっている。

それがよくない方向に表われると、仕事にとりかかろうとしたとき、仕事の全体像ばかりが気になってしまう。

「あれもやらなければ」「これもやらなければ」とさまざまな思いが錯綜《さくそう》し、混乱し、パニックにおちいってしまうのだ。

物事を成し遂げるには、できることを一つひとつやっていくしかない。

とにかく、できるところから着手する。次は、いまできることを、ひたすら一所懸命やる……。こうした習慣をつければいい。

そうしているうちに、やがて仕事の全容が見えてきて、仕事を完成できるのだ。

聖書にもこう書かれている。

「明日のことは思いわずらうな。その日の苦労はその日だけのものである」

明日は必ずやってくる。同時に、「明日の新しい力」もやってくる。

3 「気分が乗らないとき」の対処法

仕事を前にして、「どうも気分が乗らない」「この時間帯は眠気がさす」「仕事場が騒がしくて集中できない」……などと、あれこれ注文をつけては、なかなか仕事を始められない人がいる。

仕事の環境を整えるために時間を費やすのは、自分にサボる口実を与えているようなものだ。

そんな事情や都合は後回しにして、とにかく仕事に着手すること。仕事を始めれば、自然に気分は乗ってくるものだ。

手をつけ始めた段階では、ペースが上がらないように感じることも多いが、そんな〝気分〟は無視して仕事に立ち向かっていけば、そのうち、最初の億劫だった気持ちは消え失せ、積極的なやる気がどんどん湧いてくる。

「決心がついたら、まず何であれ、できそうなことに手を伸ばしてつかみ、絶対に離さないことです。そうすれば、嫌でも仕事は前に進みます」

ゲーテも『ファウスト』の中でこういっている。

すばらしい着想やひらめきも、ほとんどは仕事を進めている最中に浮かぶもの。しかも、たいていは、まったく別の仕事をしているときに。

聖書には、こんな言葉も出ている。

「仕事をしていない人の前に、天使があらわれた例は一つもない……」。

4 「規則正しい生活」が「いい仕事」をつくる

ゆったりと余裕を持ち、心伸びやかに暮らしながら、立派な仕事も成し遂げる……。そんな人生を送るためには、「人生の主役は自分なのだ」と決意し、仕事の奴隷にも、時間の奴隷にもならないことが重要だ。

もちろん、現実に立ち返れば、こうした決意をつらぬくことは相当にむずかしいもの。であればなおさら、次のことを守り、自分の時間をしっかり確保する生き方を目指さなければならない。

まず、決まった時間に規則正しく働くこと。毎日、一定の時間、規則正しく仕事をするように努めるのだ。昼も夜も休日もなく、だらだらと働き続けるのは、ある意味で最低の働き方だといったほうがよいくらいだ。

古代ローマの皇帝・アウグストゥスがいっているように、「ゆっくり急げ」が仕事のコツである。むやみに焦ったところで仕事がはかどることはない。

仕事はていねいにすべきだが、何一つ欠けることがなく、完璧に成し遂げなければならない、などとは思わないこと。そんなことは誰にだって不可能だ。

自分の得意な部分をできるだけ完全に仕上げるように。より大きな分野を扱う場合なら、その中でも、本質にふれる部分や核になる部分をしっかりカバーすることに力を注ぐようにすればいい。

多くを望む者は、結局、小さなものしか得られない。これは、仕事についてもあてはまる考え方だ。

だから、「どれだけ働くか」を先に考える必要はない。自然の疲れを目安にすればいいのである。

疲れを感じたら、お酒でごまかすようなことをせず、静かに休養をとる。これでいいのだ。

いうまでもないが、規則正しく働くためには、決まった仕事につくことが大事だ。きちんと決められた時間に、決められた任務をしっかり果たす。こうした仕事をしているときは、人は体調もよく、仕事もはかどる。

その結果、かえって、時間を上手に使うようになり、仕事の時間と休養の時間のメリハリがつく。

5　壁にぶつかったときは、とにかく「繰り返す」

仕事を進めていく上では、関門がいくつもあり、考えて考えて考え抜かなければ、解決に向かわないような課題もある。

どんな仕事でもコツさえマスターすれば、決してむずかしくない。

そのコツのひとつは、「繰り返す」こと。

いい換えれば、何度も手を加えて、仕上げていくという方法を取ることだ。

最初はぼんやりと、なんとか輪郭をつかめる程度だった課題も、二度、三度と繰り返すうちにしだいに細部が見えてきて、やがて理解が進んでいく。

仕事に没頭していると、この繰り返しは少しも苦にならない。

このように仕事に没頭し、繰り返し課題を見直し、取り組み直す。これが本当の意味の〝勤勉〟だ。

繰り返し課題に取り組んでいるうちに、頭の中はたえずこの課題をめぐって働き続けるようになる。こうなると不思議なことに、ちょっとした休息を取っても、その間も思考はちゃんと進むようになってくる。

やがて、ある瞬間に、すべてのものがはっきり見え、困難だと思われた課題も突然、解決に至る。最初に抱いたぼんやりとした着想は大きく広がり、立体的な構造を持つ考えとしてまとめ上げられ、強い光を放つようになっている。

こうした段階に至ると、次に手がける新しい仕事まで、むずかしく感じなくなるから不思議だ。したがって、ゴールにも達しやすくなっていく。

同時に、ハードルの高い仕事にふさわしく、自分自身が成熟していく。それを実感することこそ、仕事の最大の〝報酬〟であり、〝収穫〟なのだ。

その観点に立てば、「最も快適で、最も報いられ、しかもお金がかからない時間の使い方は、仕事なのだ」と思えるようになってくる。

仕事は「最上の時間の使い方」といえるのだ。

6 仕事の成果はスピードで決まる

スピーディーに進めること——これも、仕事を成功させる大切なコツのひとつだ。

スピーディーに仕上げられた仕事は、ほとんどの場合、ベストの出来上がりであり、効率的にも優れている。

一方で、〝見た目〟を整えることばかりに神経を使い、時間を取られすぎるのは賢明とはいえない。

見た目はほどほどに整えればいい。あくまでも内容を重視して、仕事を進めること。本質を見失わなければ、見た目はあとからいくらでも整えられるものだ。

7 飲み会や賭け事で、貴重な時間を無駄にしない

あなたは、仕事をするのに一番適した清々《すがすが》しい朝の時間を、新聞を読むだけで費やしていないか。夜は夜で、貴重な時間を飲み会や賭け事などでつぶしていないか。

実際は、多くの人が、無益な集まりや取るに足らない遊びのために、膨大な時間とエネルギーを無駄にしている。

よりよい仕事を、より多くこなすためには、無駄な時間を費やすのをやめ、エネルギーをセーブするように心がけることが大切だ。

日頃から、無駄な雑用はできるだけ避けて、十分なエネルギーを蓄えておかなければ、ここ一番の大事な仕事のために思う存分、力を発揮できない。

8 「仕事を中断させること」も立派な仕事

よい仕事をするためには、自分の仕事への関心を常にあるレベル以上に保つように努めなければならない。

取り組んでいる仕事に対する新鮮な興味や喜びを感じられなくなったら、それ以上、その仕事をダラダラと続けるべきではない。

前にも述べたように、仕事はとにかく始めることが肝要だ。しかし、疲れや飽きを感じたら、すぐにその仕事をやめること。といっても、そのままやめろ、というわけではなく、それまでやっていた仕事をいったん中断し、しばらくの間、違う仕事に取り組めばいいのだ。

やっている仕事の内容を変えてみる。こうすると、休息をとったのと同じくらい気

分をリフレッシュできる。

そして、元の仕事に戻ったとき、また新たな関心をかき立てられ、思いがけない気づきや、新たなモチベーションを得られることが多い。

9 「身の丈に合った仕事」を確実にこなす

野心を抱くこと、それ自体は結構なことだが、〝過剰な野心〟となると問題がある。

そもそも〝野心〟とは、仕事をきちんとする気持ちではなく、できるだけ早く、そして多くの仕事に手を出し、見せかけだけでも成功をおさめたいとはやる気持ちと同質である場合が多い。

その結果、多くの若者たちが、精神的にも肉体的にも追いつめられ、人生を棒に振っているのだ。

野心家があふれているいまの時代は、かえって、「野心がないことこそ、成功につながる道である」といえるかもしれない。

とりあえず自分の「身の丈」に合った仕事を一つひとつ着実にこなしていくべきだ。

自分の能力以上の仕事を引き受けてしまうと、重圧に押しつぶされ、本来、自分がきちんとできたはずの仕事まで失敗したり、途中で放り出してしまう結果を招いてしまう。

むしろ、自分の実力に合った仕事を確実にこなしていくことのほうがずっと大事だ。その積み重ねで、しだいにステップアップしていき、やがて、かつては野心だと思えたことにさえ、手が届くようになってくるのである。

10 「一人では達成できない仕事もある」

野心家の多くは、「人生は短く、その短い時間の間に成功をきわめなければならない」と考え、時間に追い立てられるように生きている。

その上、彼らは「人生は最も強い人間だけが勝ち残る」という苛酷なまでの競争原理を信じている。

これでは、ゆったりとおだやかな幸福感に満たされた人生から、どんどん遠くなるのは当然だ。

大きな仕事は、真実や正義のためにはどんなに時間を費やしてもよいという考え方の上にしか成り立たない。その基盤になるのは、〝生〟も〝仕事〟も永遠に、無限に続くという世界観だ。

世の中には、一人の人間に与えられた限られた時間と力だけでは成し遂げられない仕事も少なくない。

次世代、あるいはさらにその次の世代へと仕事を継承し、無限の時間を費やし、数え切れないほど多くの人の力を合わせることにより、はじめて成り立つ使命や仕事もあるものなのだ。

こういうふうに考えられるようになれば、時間に追い立てられるような人生から解放され、〝永遠の時〟を感じて仕事に取り組み、生きることができるようになるに違いない。

11 大事なことは、自分の〝目と足〟で調べる

仕事ではいろいろなデータを扱う。このとき、新聞や雑誌などに発表になったデータをそのまま鵜呑《うの》みにしてはいけない。**大事なことについては、できるだけ現地に足を運び、自分の目や足で調べることが重要だ。**

そうすれば、自分の興味をとことん追求でき、確実な知識も得られる。その結果、仕事への興味をいっそうかき立てられ、やる気も湧いてくる。

必然的に仕事がはかどり、結果的に時間の使い方も有効になる……と、すべてが好転するのである。

こうして得たデータは、受け売りの知識とは違って根拠がしっかりしている。したがって、自信を持って判断が下せ、間違いのない仕事ができるようになる。

12 仕事の〝奴隷〟にだけはなるな

これまで述べてきたように、仕事は幸福を得るための大きな要素であることは疑いのない事実だ。仕事なしで本当の幸福が与えられることは絶対にないといっても過言ではない。

幸福になりたければ、懸命に働かなければならない。日々の糧は、仕事をし、額に汗して手に入れるべきものだ。

とはいえ、あらゆる仕事が幸福を伴っている、幸福につながっていると考えるのは間違いだ。

自分には、限界もあれば欠陥も潜んでいる。つまり、自分がやるすべての仕事が幸福に直結しているとは限らない。実際、賢明な人ほど、自分の限界や欠陥をよく知っているものだ。

それなのに、仕事なしで本当の幸福は得られないのは大きな矛盾ではないかと思う人もいるだろう。

その通り。

矛盾を解くカギは「仕事に」ではなく、「自分自身」にある。

どこまで主体的に、自分らしく仕事ができるか。仕事に使われるのではなく、自分自身の意思を持って仕事を動かしていくことができるか――。

そうした意気込みと意思を強く持つことによって、はじめて自分の限界や欠陥を乗り越えることができるのだ。

乗り越えた瞬間、仕事は幸福の大きな要素に変わる。

与えられるまま、ただこなしていくのではなく、与えられた仕事に自分らしい工夫や発見を加えて、自分の喜びに変えていく。

真に賢明な人とは、こうして仕事を自分自身のものに変えてしまうことができる人のことをいう。

2章

「充実時間」を
もっと増やす智恵

13「時間がない」を言い訳にしない

「時は金なり」という。巨万の富を持つ人も、そうでない人も、口を開けば一様に「時間がない」とぼやいている。

時間がない――これは仕事や義務から逃げ出したいとき、人がよく口にする実に便利な口実だ。

「時間がない」というのはもっともらしい口実だし、たしかに時間がないと認めざるを得ないことが少なくないのも事実だろう。

それでも、私はためらうことなく、「時間がない」というのは言い訳にすぎないと断言できる。

誰もが時間がないと感じている最大の理由は、常に止まることがないという時間の本質にある。たえず流れていき、決して元に戻せない……。

そのために、時間とともに生きようとすれば、時間とともに走り続けなければならない。常に落ち着かず、人の心をいらつかせるのはそのためだ。

その傾向は、時代とともに、ますますひどくなるばかりである。

現在の社会をはるか高いところから見下ろせば、忙しく動きまわるアリの群れを見ているように感じるだろう。アリたちの間断のない動きの中を、夜も昼も無数の車が走っている、その光景を頭に浮かべただけで、頭がクラクラし、混乱しそうになってしまう。

時代の動きに遅れまいと必死になるあまり、多くの人はあまりに速い時間の流れに自分を見失いそうになっている。自分はなぜこんなにも忙しいのかわからないまま、時間に追われているのだ。

多くの人が、家に重要な仕事が待っているとでもいうように、せかせかと人を押しのけながら、町を通り抜けていく。しかし、実際はそんなに急いで家に帰っても、とくにやるべきことがない人も少なくないはずだ。彼らは、まわりのせかせかした流れに引き込まれているだけなのである。

時間に追いまくられるように暮らしている人は、他人がゆったり生きることや、休息をとることも認めようとしない。すべての人が、追い立てられるようにして生きるべきだと考えているのである。

誰もが、「時間を無駄にしてはいけない」「時間を大切にしなければ」と口にする。そのためか、かなりの知識人の中にも、時間がないからといって、たとえば、贈り物を受け取っても礼状ひとつ出すことを怠《おこた》る人が少なくない。礼状を書く、ほんの短い時間さえないという人など、めったにいないはずなのに。

礼状や手紙の返事をすぐに出さないのは、時間がないからではなく、ただ、だらしないからにすぎない。これを時間がないからだと思い込んでいるとしたら……。自分をごまかしているだけなのだ。

こんなことを、いつまで続けていくのだろう。時の流れの中であえて歩調をゆるめ、一度、考え直してみる必要がありそうだ。

14 「たまには休息が必要だ」という思い込み

現代人が、大いに考え違いをしている点が二つある。

一つは、前に書いた「時間が足りない」という不安にかられていること。

もう一つは、「いい仕事をするためには休養が必要だ」と思い込んでいることだ。

たえず時間が足りないと不安にかられ、焦りまくって働いたところで、たいした結果が残せるわけではない。人々が精神的に追いまくられ、過労におちいっている現在よりも、そんなことがなかった時代のほうが、多くの分野でずっと立派な成果が残されている。

たとえば、宗教改革を推し進めたルターはそのよい例だ。

ルターは、信じられないほど短い期間で、聖書の翻訳という膨大な仕事を成し遂げている。それが終わったのちも、疲れを見せることなく、長期にわたる休養をとることもなかった。現在、このルターのように、生涯に膨大な数の著作を残す人があるだろうか。

また、ミケランジェロやラファエロのように、絵画だけでなく、建築にも彫刻にも、さらには詩作にも、と広い領域にわたって優れた作品を残す人もいない。

いま、多くの人は、大仕事を成し遂げたあとに温泉で保養したりすることは、新たな英気を養うために欠くことができない、と考えているようだ。

しかし、一六世紀に活躍した画家・ティツィアーノは九〇歳をすぎてなお、精力的に仕事をして、温泉や保養を必要とすることはなかったと伝えられている。

イライラと追われるように仕事をしなくても、たっぷり休養をとらなくても、立派な仕事を成し遂げることはできるのだ。

15 自分だけの「効率的な時間配分」を見つける

仕事をする時間は、一日の中でどう配分するのが一番いいだろうか。

イギリスでは、労働時間をできるだけ短くしようという動きがある。イギリス流の時間配分は、間に短い休憩をはさむだけで、六〜八時間働き続けることだ。

通勤に長時間をとられる都市の住民や、「仕事は重荷にすぎない。できるだけ早く片づけるに限る」と考えている人であれば、こうした考え方に傾くことも無理はないといえるかもしれない。

しかし、仕事から本当の精神的な満足感を得たいと望んでいるなら、スイスで行なわれている時間配分にも一考の価値はある。

スイス流では、間に長めの休み時間を取りながら、午前中四時間、午後に四時間というように働く。

私のような著述業に携わる者は、一日に八時間仕事をするだけではとても足りない。そこで、私は午前中四時間、長い昼休み、そして午後に四時間、またここでしばらく休み、夜二～三時間仕事をするというように、一日の時間を配分している。

仕事から精神的な大きな満足感を得るためにも、何通りかの時間配分を試み、自分に最も合った配分の仕方を見つけるといいだろう。

16 「細切れ時間」を活用する

「時間が足りない」という悩みから解放されるには、細切れの小さな時間を活用することも大切だ。

多くの人々は、仕事に取りかかるなら何の邪魔も入らない十分な時間を持ちたい、と望む。しかし、これは一種の自己欺瞞《ぎまん》にすぎない。こうした考えにこだわるから時間がなくなってしまうのだ。

仕事には、簡単に片づかないものも多い。その上、一人の人がずっと集中して仕事を続けるには限界があり、いくら長い時間があったとしても、その時間をすべて十分に生かせるものではない。

精神を集中しなければならない仕事なら、最初の一時間、いや、最初の三〇分ぐらいが、一番有効な時間だといっても過言ではないだろう。

また、どんな仕事にも整理をしたり、機械的にこなさなければならない事務作業や雑務がつきものだ。

普通、これらは一五分もあれば片づくものだが、こうした機械的な仕事には、断片的な時間、いわゆる細切れの時間を当てるといい。そうすれば、事務処理や雑用に時間とエネルギーを食われずにすむからだ。

同時に、「今日はもう時間がない。いまから始めても無駄だ」という考えも取り除くこと。たとえわずかな時間でも、仕事はそれなりに進められるものだ。

細切れ時間を生かせるようになれば、巧みな時間配分のコツを半ば手に入れたようなものだといえる。

17 仕事を続けながら「気分転換」する

時間を節約するために効果的な方法の一つは、ときどき、取り組む仕事を変えることだ。仕事を変えることは、休息と同じような効果をもたらしてくれる。

仕事を変えながら、休息をとるというこの方法に慣れれば、ほぼ一日中働き続けることさえ可能になる。

一つの仕事を完全に仕上げてから次の仕事に取り組む、というやり方は、私の経験からいえば間違った方法だ。

なぜなら、気分が乗るか乗らないかは、自分で思うままに、自由にコントロールできることではないからだ。気が乗っているときに、「いまはこの仕事」「次はあの仕事」と、次々、仕事をこなしていくほうが、さらに自分を乗せていきやすいものなのである。

自分は決してなまけ者ではないつもりだ。でも、どうも今日はこの仕事をする気になれない……。

そんな日は、自分に向かってこういえばいい。

「今日は、別の仕事から始めよう」

と。

18 必ず「区切りのいいところ」まで仕上げる

時間を節約するもう一つのコツは、一つひとつのことをきちんと、しっかりとやり尽くすことだ。

やりかけの仕事を置いて、次の仕事に移るときも、ある区切りまではきちんと仕上げるようにすることが大事だ。

よく、新聞の論説に「他の機会にこれを論じよう」と述べてある。しかし、それが実行されたことはまずない。

仮に、別の機会に論じられたとしても、読者は、前に読んだものをもう一度はじめから読み直さなければならない。

何かを読む場合も、あわただしく〝流し読み〟しただけでは、頭に何も残らない。

そのため、前に読んだところを思い出すために、もう一度、読み直さなければならなくなってしまう。

そんな中途半端な仕事のために費やされた時間は結局は無駄だ。〝失われた時間〟と同じことなのである。

19 〝小さな無駄〟を排除せよ

時間を〝生み出す〟方法はまだまだある。要するに、日々の生活からあらゆる無駄を追放すればいいのだ。

たとえば、あなたは新聞を〝読みすぎて〟はいないだろうか。

こういうと、新聞をじっくり読むのは、政治や社会に対する関心が高いからだという人もいる。

いわゆる〝教養人〟の中には、新聞を読みふけり、それだけで世の中をわかったような気になっている人も少なくない。

しかし、いうまでもなく、新聞のようなメディア情報だけでは、社会の本当の動きを知ることはできない。自ら社会に出て、自分の目で見、自分の肌で感じることの重要性を忘れないことだ。

せっかく新聞を読んでも、得た知識を何の役にも立てなければ、それもまた、時間の無駄に他ならない。朝の一番よい時間帯を、新聞を読むことだけでつぶしてしまうことも考え直さなければならない。

また、やたらに人づき合いがいいことも、時間がなくなってしまう理由の一つだ。いくつもの会に属し、しかも、会の活動に熱中しているような人が、仕事のための時間を十分持てるわけがない。

お祭り騒ぎのようなイベントは、その開催中だけでなく、準備のためにも多くの時間をとられてしまう。

このことを整理すれば、それだけでかなりの時間を生み出すことができるはずだ。

20 休日を最高に楽しめ！

働くことと休むことは、対立するものなのか。

休むことが働くことの対極にあるならば、そして、休むことが人の最高の願いなら、いつの時代も、人間らしい生活ができるのはほんのひと握りの人しかいないことになってしまう。

しかし、現実はそうではない。

多くの社会問題は、すべての人が適正に働くようになればただちに解決される。そういってもいいくらいだ。実際、その他の方法でさまざまな社会問題を解決することはできないといったほうがいいだろう。

肝心なのは、すべての人が働く喜びに目覚めることだ。

しかし、どんなに教えても、いろいろな例を示しても、真の働く喜びを伝えることはできない。働く喜びは、実際に経験することによってしか味わえないものだからだ。

また、安らぎや満足感に満ちた休息の喜びも、仕事をしている人でなければ味わえない。

着々と仕事がはかどり、与えられた課題が着実に成し遂げられていく。そして、それをたしかに実感している。そうした中で、毎日温かな食事を楽しんだり、ぐっすりと睡眠をとる。そして休日には、まるでオアシスに憩うような休養をとる。それこそが、真の休養の喜びだ。

ときどき、こうした心癒す休息をとりながら、懸命に働き続ける。そして、その仕事が、何らかの意味で社会の役に立っていると確信できる……。

そんな状態以上に幸福なことはない。

21 「先延ばしグセ」をやめる

一向に自分を磨く努力を始めようとしない人。

自分磨きを始めることを、一日延ばしにしている人。

こういう人が多いのが現実だ。しかし、**人生の〝持ち時間〟には限りがある。**

一日一日を考えもなく暮らしている人。

あるいは、考えることは考えるのだが、計画を立てるばかりで、目標に向かって歩み出すことを先延ばしにしている人。

そんな人はいつまでたっても何ら進歩することなく、教養を身につけることもない。

自分を磨き上げないまま、一生を終えることになる。

22「小さな取り組み」を積み重ねる

人生は、決断の継続だ。何かを決意するとき、中途半端は最もいけない態度である。きっぱりと心を決め、決めたら最後、迷わないこと。

しかし、最初からあまりに大きな目標を立てると失敗しがちだ。たとえば、毎日必ず読書をしようと決意したとしよう。でも、最初の日から長時間も本と向き合うのは無理がある。はじめは気が向いたときに本を開き、少しずつその時間を延ばし、やがて本と向き合う時間を一時間、一時間半と延ばしていく……。こうして小さな習慣を重ねていけば、自然に大きな習慣も身についていく。

新たな何かを築き上げるためには、一見ささやかな取り組みを重ねていくこと。実はこれが一番の近道なのだ。

23 「もう少し時間が欲しい」からこそ、充実感を味わえる

時間について、最後につけ加えておきたいことがある。

意外に思う人もいるかもしれないが、「あり余るほどの時間がない」、つまり、**「時間が足りない」ことは、実は、幸福を手に入れるための最も重要な要素の一つだといっていい。**

人間にとって一番の幸福は、たえず仕事を続けることであり、仕事を通して大きな喜びを得ることだからだ。

幸福になりたいと思うなら、何よりもまず、仕事を求めること。

人生に失敗する原因は仕事を持たないか、仕事が少なすぎるか、あるいは、自分にとって適切な仕事をしていないこと。そのいずれかに尽きるといっても過言ではない。

自分で納得できる仕事を、イキイキと、ほどよいペースで進めているときには、胸が高なるような幸福感を味わえる。

いかなるときも人生を支え、不幸に直面したときでも、人を慰めるものは二つしかない。

それは、仕事と愛の二つだ。仕事を捨てたり、仕事を大切にしないことは、自殺行為に等しいといってもいいくらいだ。

どんなに休息を欲していたとしても、仕事のない休息には耐えられるものではない。

モーゼの祝福の言葉がある。

「あなたの（仕事の）力はあなたが生きている限り続き、仕事の足跡は、鉄や青銅に刻まれたようにいつまでも残ることでしょう」

人にとって、これ以上のものはない。すでに、こうした仕事とその成果を得ているなら、ひたすら感謝しなければならないのだ。

3章

つらいときこそ「幸福」に近づいている

24 最後に笑うのは「地道な努力を重ねた人」

生きていく上でぶつかる大きな関門は、どんな仕事をし、どんな人生を送ろうかという悩みに直面することだろう。

現代では、誰でも自由に人生の目的を選べる。選んだ目的以外のことはいさぎよく打ち捨て、目的に向かって一途に突き進めば、目的はかなうだろう。

ところが、相容れないものを同時に二つ、あるいはそれ以上求めるというような愚かな選択に走ってしまうこともしばしば起こる。しかし、二兎《にと》を追えば、その先に待っているのは、人生に失敗するという結末だけだ。

何を選ぶか選択に迷ったときは、それが人生の目的として真にふさわしいものかどうかに立ち戻ればいい。

人生を賭けて求めるに値するのは、道徳的な信念、愛、誠実、心身の健康、本当の喜びを与えてくれる仕事、ほどほどの財力などであり、その他のものはまったく価値はない。

富や名誉、ただ面白おかしく遊び暮らすという目的にこだわる人もいるが、これらは人生で真に求めるべきものには入らない。

富や名誉は、あくまで「自分の一生を託すに足る仕事」を追求した結果として楽しめばいい。

人生は公平なもので、地道な努力を重ねた人に富も名誉も微笑むものである。

できるだけまだ純真な若いうちに、人生にとって本当に価値のある、正しい目的を選ぶようにすることが大切なのである。

25「自分さえよければ」はあなたの弱点となる

どうしても仕事が手につかないときがある。こうした場合、妨げになっているのは怠惰《たいだ》、つまり〝なまけ心〟だ。

人間は「天性のなまけ者」である。生まれつき働くのが大好きだという人など、まずいないだろう。

そんな怠惰な心に打ち克《か》って仕事をするためには強い〝動機〟が必要だ。

動機といっても、〝低次元のもの〟と〝高次元のもの〟がある。

〝低次元の動機〟とは、激しい欲望や名誉心、生活のためという理由など。

〝高次元の動機〟は、仕事の高い目標に向かってチャレンジする意欲や、家族など誰かのために仕事をしているという責任感や愛情だ。

いうまでもなく、高次元の動機のほうが長続きし、目的が達成されたあとも、さらに強い動機として働いてくる。

したがって、できるだけある目標のために、あるいは、ある人に対する愛情を込めて働くように心がけることが大事である。

目標を持てば同志や仲間ができる。仲間は、仕事にとっても人生にとっても大切な存在になる。

愛する家族、親や妻、子どものために働くことも立派な動機だ。

こうした動機から仕事をしていれば、なまけ心は自然に克服されていく。

くれぐれも、自分だけにこだわり、自分のためだけに生きようとしないこと。

エゴイズムはどんな場合も、弱点となるだけだ。

26 なまけ心を打ち砕く「習慣の力」

なまけ心に打ち克って仕事に向かうためには、〝習慣の力〟も借りるといい。

勤勉さや節度あるふるまい、正直にものをいったり行動するという、人としてあるべき姿勢は、習慣になってはじめて、自分のものになったといえるからだ。

なまけ心を克服するためには、勤勉に働くことが習慣になるように地道に努めること。そうしていくうちに、しだいになまけ心は弱まり、やがて自分から望んで勤勉に仕事をするようになっていく。

ここまでくれば、**人生に起こり得るほとんどのトラブルから解放されたといってもいいだろう。**

勤勉を習慣にするには次のようなコツがある。

一つ目のコツは、とにかく始めること。着手することだ。

実際にデスクに向かって書類に一字書く。あるいは、畑に出て一鍬《くわ》耕し始める。こうすれば、仕事はすでに始められ、先へ、先へと向かっていく。

二つ目は、準備に時間をかけすぎないこと。

準備ばかりしていて一向に着手しようとしない人は結局、なまけ心に支配されているだけだ。そのうちに時間切れになり、精神的にも肉体的にも追い込まれ、結局は仕事を台無しにしてしまう。そんなことを繰り返して人生を終えてしまうのだ。

三つ目は、やる気を自ら引き出すこと。

やる気はそのうち、いつか出てくるものだと、ただ待っているのは間違いだ。やる気や仕事への強い興味は仕事を進めていくうちに自然に湧いてくるもの。ただ待っていたり、休んでいるときに、きらりと光るようなアイデアが生まれることはまずないといっていい。

四つ目は、毎日決まった一定の時間、とにかく仕事をすること。

気が向かない、からだの調子がいまひとつなどと、できない口実ばかり探していないで、とにかく仕事をする。そうしているうちに、仕事へのエネルギーがふつふつと湧いてくることはいくらでもあるのだ。

27 文豪ゲーテを「反面教師」にする理由

人が幸福を求めるときに必要な要素には、富、名誉、さまざまな娯楽、健康、文化、学問、芸術などがある。

精神的な要素としては、良心、徳、仕事のやりがい、愛情、宗教、すばらしい思想を持つことなどがあげられるだろう。

このうち、富や名誉などは、誰もが簡単に手に入れられるわけではなく、したがって、幸福の基盤とはなり得ない。

その上、多少なりとも高尚な精神を持つ人にとっては、こうしたものを手に入れ、少しはいい気分になったとしても、その一方で良心のとがめを感じるという自己矛盾におちいるだけだろう。つまり、もともと幸福の要素としては大きな欠点を含んでいるのだ。

さらに、富や名誉、絶大な権力などを手にすれば、それを守ろうとする気持ちが生まれ、かたくなに人を拒絶するようになりかねない。これでは、幸福とはまったく反対の結果を招くだけだ。

単に物質的に満たされることよりも多少はマシだとされている、美や芸術的な傑作を生み出すことも、富や名誉と変わりはない。両者の間に一線を引くことはできにくい。ときには、本来、芸術的な価値があるとは認められないものを、あれこれ理屈をつけて芸術だと認めさせるという、あやしげな流派さえ出現している。

芸術がいかに欺瞞に満ちたものであるかを伝えるには、ゲーテの次の言葉を紹介すれば十分だろう。いうまでもなく、ゲーテは富や名誉、芸術的な称賛など、俗に幸福といわれるあらゆるものを手に入れていた人だ。

「結局、私の人生は、労苦と仕事以外の何ものでもありませんでした。七五年の人生で本当に楽しかったのは四週間もなかった……。私の人生は、毎日、転がり落ちそうになる石をたえず押し上げているようなものだったのです」

あのゲーテが、七五年間で楽しい日がたった四週間しかなかったとは！　どんな労働者だって、こんなみじめな言葉を残すことはないだろう。

人間の本性は、面白おかしく遊ぶことに向いているのではなく、働くことに向いている。したがって、**娯楽は仕事の間にほんの少しあればよいスパイスのようなものであり、気分転換のためのものだ。過剰な娯楽に身をゆだねれば、にがい幻滅が待っているだけなのである。**

人間に本当の喜びを与えるものは、必ず、人間の〝天性〟に合ったものだ。つまり、本当の喜びは、正しく働くことによってはじめてもたらされるのである。

そのうちに、裕福な階層に属する人々も、休暇になると郊外に出かけ、自分で畑をつくって野菜や果物を栽培するようになるかもしれない。からだを動かすことは真の喜びを感じさせるものだし、何より、健康にいいことなのだから。

28 幸福は「自分の内から生まれるもの」

富のような物質的な幸福を追求するよりも、仕事の充実感や広い意味での人間愛などを求めるほうが、ずっと賢明な生き方である。とはいえ、それを目指したところで、必ずしも期待したような幸福を得られるとは限らない。

だからなのだろう、現代では、どんなに努力したところで幸福になんかなれっこないという絶望がはびこっている。そして、仕事も徳も心を安らかに満たしてくれることはなく、一切がむなしいという考えも広がっている。

多くの人は、「明日はどうなるかわからない。今日のところは、好きなように飲み食いしよう」と、その場限りのうわついた楽しみに身をゆだねて日々を過ごしている。そして、それはそれで一見、幸福そうに見える。

だから私は、現代のこうした考え方を完全否定するつもりはない。こうした考え方にも見るべきところはあるからだ。

まず、富や名誉などを幸福の条件だとする現代の幸福観はわかりやすく、誰もが手に入れることができる具体的な幸福のイメージを示しているといえる。

また、家柄や境遇、社会的な偏見などを捨て去ることは幸福への第一歩でもある。こうした偏見を捨て去れば、必ずある種の幸福が得られるという考え方は、ある意味で正しいといえるだろう。

ただし、変わらない幸福の条件がある。それは、**その人自身が幸福だと感じること。それが究極の幸福だ。**

ゲーテは、壮年の複雑な悩みを描いた『タッソー』の中で、こういっている。

「幸福はそこにある。だが、我々はそれを知らない。いや、知ってはいても、その本当の値打ちに気づかない」

多くの場合、幸福は、「行く手に横たわる獅子《しし》」なのだ。

29「苦難こそ、幸福へ至る門」

一見、恐ろしげに見える。だからその姿を見て、たいていの人はそこで引き返し、幸福よりもつまらない何かで妥協してしまう。

想像力が悪く働き、〝獅子〟を見ると、実際の恐怖や苦難よりはるかに大きな恐怖や苦難を思い浮かべてしまうのだ。

しかし、苦難こそ、幸福へ至る門なのである。

人生には、好むと好まざるを問わず、苦難が横たわる道を選ばなければならないことがある。そうしたときには、「苦難を乗り越えなければならないのだ」と自分に向かってきっぱりといい切ること。人生を真摯《しんし》に生きていくためには、そうした決然たる姿勢が必要なのだ。

断固としてその姿勢をつらぬくとき、心の中に、自然に幸福感が生まれてくる。幸福とは、おだやかな調和で心が満たされている状態をいうのである。

本当に意味ある人生を歩むためには、ぜひともこうした調和に満ちた境地を目指さなければならない。

そうした境地を目指し、そのためにはどんな困難も避けて通らず、固い意志で乗り越えていくのだと決意する。この決意ができれば、それからあとは幸福を目指して、苦難を乗り越えていくことさえも、喜びに感じられるようになってくる。

そして、その先は、おだやかな調和に満ちた幸福に続いていく。このおだやかな境地は年とともにますます深く広がっていき、他人にも惜しみなく分け与えることができるようになる。

真の幸福は自分一人のものではなく、まわりの人すべてを幸福にする。奇蹟のような力を持っているものなのだ。

30 「悪い習慣をやめる」のではなく「いい習慣を身につける」

人は本来、ポジティブな生き物である。「何かをやめよう」とするよりも、「何かを身につけよう」と積極的になるほうが、ずっと気持ちがラクだ。

「何々をしないように」と考えると、「しないこと」、つまり心の動きを禁止することばかりに気をとられ、行動を閉じ込めてしまう。

一方、「何かをしよう」という心の動きは積極的、行動的で、人をやる気にさせる。

「何かをする」ことのほうが、気持ちも集中でき、しかもポジティブな思考や行動の結果、何かを得られれば、合わせて大きな喜びも得られる。

だからこそ、「悪い習慣をやめよう」とするよりも、「よい習慣を身につけること」に積極的になるべきなのである。

31「多少の心配」のすすめ

何も心配ごとのない、気楽な生活が送れることが理想だという人がいる。

しかし、幸福な人生のためには、ときに多少の心配が心によぎるほうがいい。

心配から解放された瞬間、どれだけほっとし、どれだけ安堵《あんど》することか。

「これが幸福なのだ」と実感するはずだ。ときに多少の心配が心をよぎることは、それほどシリアスな問題は抱えていないことを意味している。なぜなら、本当に深刻なら、それこそ身も世もなく心配し続けなければならないからだ。

人生経験豊かなある人がいった。

「一番つらいのは悪天候が続くことではなく、雲一点ない快晴のような日が続くことだ」――これが人生の真実なのである。

32 病気は「幸福になるきっかけ」にできる

世の中には、病気になるとまるでこの世の終わりだといわんばかりに嘆いたり、落ち込んだりする人が少なくない。

健康はたしかに貴重な宝だが、病気になったからといって、絶対的に不幸だというわけではない。なぜなら、多くの人が生涯に何回かは病の床につく。考えようによっては、**病気は人生に起こるよくあることの一つにすぎないともいえるのである。**

病気になったら、次の五つのことを心に思い浮かべればいい。

一つは、病気はからだに起こった障害であり、あなた自身をむしばむものではないということ。たとえば、足が不自由になったとしても、それはただ足が悪いだけで、あなた自身が不自由になったわけではない。

二つ目は、病気にはちゃんと意味があるということ。多忙な現代人は、病気になってはじめてゆっくりと休養をとることができる場合も多いのである。

三つ目は、病気になるような精神的な要因、たとえば、ストレス過多などに気づくきっかけになること。精神的な要因に気づいたら、それの克服に努めればいい。その結果、かえって精神的に強い人間になれることもあるくらいだ。それもしばしば、である。

四つ目は、病気という苦しみを受けることにより、真摯に祈る心を持つようになるということ。それは、特定の神に対してというより、大いなる何かに向かってひたすら祈る……。その祈りを通じて、人は謙虚さと感謝を知るようになる。

五つ目は、病気は人生最大の喜びをもたらすことさえあるということ。病気が治り、改めて生きている喜びや充実感を取り戻したときの幸福感といったら！　これ以上の幸福はないといっても過言ではない。

33 困っている人がいたら、迷わず手を差し伸べる

いうまでもなく、健康は貴重な人生の宝だ。いま健康である人は、そのことに深く感謝しなければならない。

もちろん、今後もできるだけ長く健康を保つように努めることも大切だ。

だからといって、健康に気を使いすぎる暮らしは、かえって不健康だといえる。いわゆる健康法に夢中になることも、決して健康だとはいえない。

〝健康的な暮らし〟とは、大らかな心を持ち、やりがいのある仕事をする、この、シンプルそのものの暮らしのことをいう。

それに加えて、喜びに満ちた暮らしをするように心がけること。

何といっても、喜び以上に健康にいいものはない。喜びはからだの隅々《すみずみ》まで新しい

生気をもたらし、活動を盛んにする〝特効薬〟だ。

喜びは、感謝の念を持つことから生まれる。また、他人に喜びを与えることによっても得られる。

助けを求める人がいれば、積極的に手を差し伸べよう。動物や植物に限りない愛を注ぐこともいいだろう。

こうした日々を送ること。これこそが心身ともに健康な人生を送るための、ただ一つの方法だといってもいい。

34「生涯現役」を目指そう

人生は長い旅路のようなもの。旅の行程に合わせて、そのときどきにふさわしい生き方をすることも、大切な生きる知恵だ。

若いときは、ひたすら自分を鍛えること。

中年になっても、なお訓練が大事だ。そろそろラクに暮らそうなどと考えるのは危険なことである。足取りをゆるめないこと。それまで続けてきた努力は、いままで通り、あるいはいままで以上に続けるようにしよう。

老年に至っても、若い日を振り返って無為の日々を過ごすようになってはいけない。多くの場合、過去を振り返ることは、悲しみや苦しみをなぞるだけ。数知れぬ失敗、貴重な時間を無駄に過ごしてしまったこと……。そんなことをいまさら振り返っても、何の意味もない。

老年に至ったなら、なおいっそう、未来に思いを向けて生きていくべきなのだ。

生涯にわたる健康の秘訣は、いくつになっても仕事を大切にすることに尽きる。できるだけ早く引退しようと考えるのは、最も愚かなことなのだ。

無理をせず、節度を保って仕事をすることは、休息をとるよりも健康にいいのである。

大きな仕事であれば、いくつかに分けて行なえばいい。疲れ果てるまで仕事を続けてしまわず、適当に中断して気分転換を図ること。睡眠をたっぷりとること。ゆっくりと休養することを忘れないこと……。

年齢を重ね、体力の衰えを感じるようになっても、こうして仕事を続けていけば、「年をとった」「老年になってしまった」と意識することなく、人生のゴールまで、ほどよいペースで仕事を続けることができるだろう。

35 死ぬのは怖くない

人間とは何か。どこから来て、どこへ行くのか――これは誰でも、少なくとも生涯に一度は持つ疑問だ。

そしてたいていの人は、この答えを得られないままこの世を去っていく。

人の生涯は〝死〟でしめくくられる。これは永遠に変わらない事実だ。

しかし、死を恐れることはない。人は死そのものを恐れているのではなく、死に対する先入観から、死を怖がっているにすぎないのだ。

「私は生きている。いつまで生きるのか知らない。私は死ぬ。いつ死ぬのかわからない。どこへ行くのかも知らない」……

一切の存在と生と死。

これは、人間の知識ではとうてい解明し得ない問題なのだ。

だったら、悩むことも恐れることもない。そのある日まで、淡々といつものように生きていけばいいのである。

36「完成形」がない幸福は無限

人が意識に目覚めた最初の瞬間から、意識が消える最後の瞬間まで、ひたすら求めるものは〝幸福〟だ。

それゆえ、幸福はあらゆる考えの核になり、学習や努力をするときの目標となる。万人共通の人生の目標であり、国家もまた、人民の幸福を目指していく。

過去には、「幸福など幻想にすぎない」と考えられた時代もあった。

しかし、私は、幸福は必ず見出すことができると信じていきたい。いや、実際にそう信じている。

幸福に到達する一番の道は、世の中に幸福をもたらさないものなど一つとしてない、ということを知ることだ。

たとえば、「年をとる」こと。

一般に、それは幸福をもたらすものではないと考えられている。ところが実際は、**「年をとること」は、「たえず進歩すること」である。**これは人に与えられる最高の幸福ではないか。

青年期を過ぎた人なら誰でも、すでにこの幸福を実感していることだろう。幸福は人によって教えられるものではない。誰もが人生を誠心誠意生きていけば、必ず到達することができる境地である。

たとえ、その途中で、自分の力だけではとうてい越えられないような困難に出合うことがあっても、必ずどこからか力が与えられ、いっそう高い幸福感に満ちた境地へと運び上げてくれる。そして、そうした力を借りて困難を乗り越えることが、さらに幸福を深めてくれるのだ。

幸福には完成形がない。どこまでも高く登っていけるし、どこまでも深く掘り下げることもできる。

だからこそ幸福は、人々の心を照らし、その歩みを導き続ける、人生の究極の目標であり続けるのである。

4章

「心」を整えて、おだやかに生きる

37 自分の力が「及ぶもの」と「及ばないもの」

世の中には、「自分の力でどうにかできるもの」と、「どんなにがんばってもどうしようもないもの」がある。これを知ることはとても大切だ。

「自分の力が及ぶもの」とは、判断、努力、欲望、嫌悪など、自分の意思により生み出し、獲得できるもののこと。これらは自分で自由にコントロールでき、他人から妨害されることもない。

一方、「自分の力が及ばないもの」とは、容姿や生まれた家の財産や社会的地位のように、自分の意思や努力ではどうすることもできないもの。他の力によってコントロールされている以上、それを受け入れるしかない。

この二つを混同し、本来、自由にならないものを自分の思うようにしたいと思えば、たちまち不満や悲しみにおちいってしまうだろう。しまいには他人を恨むようにさえなるかもしれない。

しかし、自分の意思で自由になるものをしっかり自覚し、それらに対して努力すれば、現状のことはすべて自分の努力の結果となる。あなたは誰も恨むことなどないだろう。

他人についても同じようにふるまえばいい。その人が努力の末、獲得したものは率直に認める。そうすれば、誰もあなたに悪意を抱かず、あなたの不利になることはしなくなる。

生きていれば、さまざまなことに遭遇するものだ。何かにぶつかったときは、まず、それが自分の力の及ぶものかどうかチェックする。これを第一原則にすることが大事である。

もし、それが自分の力の及ぶものでなかったら、こういい放てばいい。

「それは、私には関係のないことです」と。

38 「あらゆる可能性」を考えて行動しているか？

何かをしようとするときには、それをするとどんなことが起こるのか、さまざまな可能性を十分考えること。

それから行動すれば失敗や間違いが防げる。

たとえば、これから温泉に入ろうとするとき、あなたは何を考えるだろうか。

私なら、他人を押しのけてくる人、乱暴に湯船に飛び込む人、あるいは脱衣所で盗みを働く人もいるかもしれない……などと考える。

こうしてさまざまなシミュレーションをしておけば、入浴中、何が起こってもあわてることはない。たとえ、どんなに腹が立つようなことが起こっても、自分はそれを承知した上で、温泉に入ろうとしたのだと納得できるからだ。

納得できていれば、せっかくだから温泉を存分に楽しもうと、すぐに気持ちを切り換えられる。

どんなことをする場合もこうして行動すれば、平常心を保ち、どんなことも心から楽しむことができるのだ。

39 他人の評価を気にしない

ものわかりの悪い愚か者だといわれても、辛抱強く耐えしのびなさい。

反対に、人から、相当な人間だとほめられたとしても、それを真に受けて、いい気になってはいけない。人の評価は、時と場合によりまちまちなのである。まったく同じものでも、あるときには（帯にするには）短すぎるといい、別のときには（たすきにするには）長すぎるといわれるのだ。

これまであなたをほめそやしていた人も、あなたより優れた人に出会えば、手のひらを返したように、今度はあなたを大した人間ではない、といい出すかもしれない。

自己評価をしっかり持っていれば、どんな場合も人の言葉に振り回されずにすむ。客観的に自分を評価し、正しい自己評価を把握しておくことが大事なのである。

40 「よい側面からものを見る」クセをつける

どんなものにも、二つの側面がある。

一つは、耐えがたい面。もう一つは、なんとか耐えられる面、の二つだ。

たとえば、あなたの兄弟が、あなたを侮辱《ぶじょく》したと仮定してみよう。

そんなことが起こったときには、彼があなたを侮辱したという側面は無視してしまうこと。代わりに、彼はあなたの兄弟だという面だけを見るようにする。そうすれば、彼はかけがえのない存在だという気持ちだけが残る。

もし、一つの側面しか見えないときには、もう一つの側面を探し出すこと。手っ取り早い方法は、見えている一面を裏返してみることだ。

突然の雨は洗濯物を濡《ぬ》らしてしまう。しかし、それが草木には恵みの雨となる、というように、どんなものにも表があれば裏がある。プラスの側面があれば、マイナスの側面も持っている。

その二つを思い浮かべ、**自分にとって「よい」と思われる側面だけを見つめ、考えるようにするクセをつけてしまうことである。**

41 他人の成功を素直に喜べる人になる

あるものを手に入れるのに必要なコストも支払わずに、それを手に入れたいと望むのは正しい考え方ではない。その上、貪欲《どんよく》だと非難されても仕方がない。

〝コスト〟とは、必要な努力という意味だ。どんなものでも、何かを得るためには、それだけの努力が必要なのである。

人が何かを得たときには、心から祝福してあげよう。人の成功は素直に受け止め、喜ぶべきだ。

そういう場面で、その人がそうなって、自分がそうならなかったことを悲しむのは間違っている。

その人はそれを手に入れるだけの努力をしたのだ。あなたが成功できなかったのは、それだけの努力をしなかったから。

成功と失敗を分けるのはその違いだけだ。

同じようにがんばらなければ、その人と同じ報酬、つまり、成功を手に入れられないのは当たり前のことである。

成功と失敗を分けるシンプルな法則を忘れないこと。これが大事なのだ。

42 〝求めるべきもの〟と〝避けるべきもの〟

人生においては、「積極的に求めるべきもの」と、「できるだけ避けるべきもの」を、正しく分けて考えることが大切だ。それを混乱すると、不幸におちいってしまう。

では、「避けるべきこと」とは何か。

間違いやすいのは、病気や死、貧困などを「避けるべきものだ」と考えることである。

これらは、自分の力の及ぶものではなく、避けようがない場合も少なくない。

こうしたものではなく、自分の意思や努力しだいでどうにでもなるものの中で、自分が好きになれないことを避けるようにすればいいのである。

「求めるもの」は、さし当たってとくになし、という態度をとることもいいだろう。

自分の力の及ばないものを求めてしまうと、常に自分の力不足を思い知らされる結果になってしまう。

これでは幸福は遠ざかる一方。

しまいには、幸福を見失ってしまいかねないのだ。

43 一面だけで、その人を判断しない

ある人がいつもよりたくさん酒を飲んだとしよう。これを見て、彼はとんでもない大酒飲みだと決めつけるのは間違っている。その日はたまたま、そうしなければならないような事情があったのかもしれない。

ある一面だけを見て、人を判断してはいけないのである。

人の優劣を判断する基準を間違うこともよくある。たとえば、「自分はあなたより富んでいる」。あるいは、「自分はあなたより話すのがうまい」。これが事実だからといって、相手と比べて自分のほうが優れているとはいえない。

自分はたまたま彼より富んでいた。彼より話し方がうまかっただけにすぎない。人間的な優劣を、こんなことで計ってはいけないのである。

44 まわりの目に〝迎合〟しない

人が自分をどう見ているか。まわりの人の目が気になってしようがない人がいる。
もし、世間に気に入られよう、世間に迎合しようという考えに振り回されていると
したら、正しい心の状態を見失ってしまったのだと考えるべきだ。
世間がどう思うかは、実はそれほど大切なことではない。
まず、自分で自分をどう思うか。これが大切だ。
そして、ほとんどの場合はそれで十分なのである。

45 いつでも「自分原因説」が正しい

ごく普通の人は、自分にとって不利なことは〝自分のせい〟ではなく、〝誰かのせい〟だと、自分以外に原因があると考えがちだ。

しかし、**思考力を十分に身につけた人は、すべては自分自身から発している——自分自身に原因があると考える。**

たとえば、日々の生活の中で、心を傷つけられたと感じることがしばしば起こる。

しかし、そのように心が傷つくのは〝人のせい〟ではない。たとえ、あなたをののしったり、打ちのめす人がいたとしてもだ。

実際は〝屈辱〟だと感じるあなた自身の考えが、あなたを痛めつけているのである。

怒りにかられる場合も同じだ。

誰かがあなたを怒らせたのではなく、あなた自身の考えがあなたの怒りを引き出しただけ。何かが起こったら、反射的に湧き上がる感情に振り回されないことが大切なのだ。しばらく時がたつのを待っていると、起こったことをじっくり受け止めるだけの心の余裕が生まれてくる。

そうすれば、何が起きても他人を非難することはなくなる。もちろん、人に過剰にすがることもない。

これを繰り返していれば、必ず自分をコントロールできるようになっていく。

46 「もし自分の身に同じことが起こったら」

耐えがたい出来事が起こったとき――たとえば、家族が亡くなった場合、まるでこの世のすべてが失われたように嘆き悲しむ。不幸のどん底に突き落とされたように感じ、なかなか立ち直れないときは、同じことが他人に起こったときに、自分はどんな気持ちを抱いたかを思い出すといいだろう。これまで、他人の家族が亡くなったとき、「死は人の宿命だ」と考えなかっただろうか。

反対に、他人の身の上に起こったことは、自分の身に置き換えて考えるようにする。**「もし自分に同じことが起こったら、どう感じるだろうか」**と。

そうすれば、人の痛みや悲しみがどれほど深いものかを理解でき、ごく自然に、親身にふるまうことができる人間になっていく。

47 大事なものを失ったときは「天に返したのだ」

自分のものだと思い込んでいたものが失われる。これも人生における、つらい出来事の一つだ。

しかし、人であれ、ものであれ、お金であれ、すべてあなたの手にあるものは、一時的にあなたの手にゆだねられていたにすぎない。ちょうど旅人に一夜の宿が提供されたように。

誰かに財産を奪われたとしても、それは**「天に返したのだ」**と考えるのだ。

万一、わが子の命が奪われたとしても、わが子を失ったわけではない。子どもの魂を天に返したのだ。子どもはいま、この世よりもっとすばらしい世界に招かれていったのである。

48 みだらな誘惑にかられたら

誰にも、みだらな性的な誘惑にかられることがある。

そんなときは、ただ性的な快楽をむさぼった場合と、その後にきっとあなたを襲う、深い後悔を思い浮かべてみればいい。

欲望を抑え、誘惑を撃退できれば、自分で自分をほめることができるはずだ。

誘惑と闘い、誘惑に打ち克つことができたときは、甘美な魅力を味わって一時的な快楽にひたるよりも、ずっと大きな喜びを得られる。

このことを忘れないようにすることだ。

49 何事も、三日たてば「過去のこと」

何かことを起こすと、失敗するのではないかと考える人。恥ずかしい目に遭うのではないかと心配する人。天変地異が起こるのではないかと恐れる人……。

世の中には、そんな人がたくさんいる。

でも、こうした恐怖心ほど無駄なものはない。どんなに恐れたからといって、何かが起こるのを防ぐことはできない。

恐怖にかられていると、かえって力を消耗し、実際に何かが起こったときにそれに対抗できなくなってしまう。

人生で起こることはたいてい、想像していたほど恐ろしいものではなく、必ず、耐え、乗り越えられるものだ。

耐えることができない試練が与えられることはない、という言葉もある。

人はとかく、苦悩は実際よりも大きく、長く続くものと想像しがちだ。**困難なこと、つらいことに直面したら、「これは三日間続くだけだ。それ以上になることはない」と考えてみればいい。**

実際にほとんどの場合、せいぜい三日もたてば、ことは収まってくる。第一、こう考えていれば、何が起こっても、落ち着いて対応できるだろう。

恐怖心を克服する一番いい方法を教えよう。

「恐怖心を持つのは、心の中に正しくない考えが芽生えた証拠だ」

と考えてみること。

すると、たいてい、恐怖心を生み出すモトが見出せる。そこでそれを取り除いてしまえばいいのだ。

そうすれば、もう恐いものなし。何が起こっても、起こったことをありのままに受け止める自分を取り戻せるだろう。

50 人からよく思われたいなら

「自分はこう考えている」「こんなふうにがんばっている」などと、口に出す必要はない。むしろ、それはみっともないことだと考えるべきだろう。

ヒツジはどんな草を食べたか、吐き出して見せたりしない。ただ、食べたものを消化して乳を出すだけだ。

人もこれに学ぶべきである。

あえて簡素な暮らしや、厳しさに耐えることを課し、自分を鍛えているような場合も、それを人に誇示することは控えたい。ただ黙々とやればいいのである。

生き方についてどう考えているかという話になった場合も、それを仰々しく言葉にする必要はない。**生き方は、ただ行動で示せばいいのだ。**

これは食事のマナーなど、ふだんの暮らしに関わることでも同様だ。マナーはこうあるべきだなどと、とうとうと述べるよりも、あなた自身が正しいマナーで食べればいい。

そのほうがゆかしいし、ずっと説得力が増す。

51 こんな「自慢屋」にだけはなるな

自分の持っているものを自慢する人がいる。たとえば、「私は美しい馬を持っている」というように。

しかし、これは自分のことではなく、単に馬の美点を誇っているにすぎない。

このように、たまたま自分が持っているだけのものを自慢するのは、教養のない人に共通する特徴だ。

自ら誇っていいのは、自分の考え方の正しさなど、本当に自分自身に属することだけである。

52 「欲しいもの」にどう手を伸ばすか

ものが欲しい。愛情が欲しい。時間が欲しい。お金が欲しい。名誉が欲しい……。

これは誰の心にも潜む気持ちだ。

「欲しいもの」にどう手を伸ばすか。それによって、人生の幸福度は大きく左右されてくる。

あなたは、目の前に「欲しいもの」があるとき、どうするだろう?

まだ遠くに見えてきただけなのに、手を伸ばし、身を乗り出してそれをつかみ取ろうとしていないだろうか。

欲しいものが遠くに見えたとしても、むやみに欲しがらず、自分のところに近づいてくるまで静かに待っていればいい。やがて、自分の前に回ってきたら手を伸ばし、控えめに取るようにする。

どんなものにも、時が満ちる瞬間がある。いつも時が満ちるのを心静かに待ち、そのときが来たら、このようにふるまうことだ。

そうすれば、妻や子ども、財産、地位……すべてがやがて与えられ、あなたは最高に幸福な人間になれることだろう。

53 人生に勝ち負けはない

人生に勝利することを求めるのなら、勝つ見込みのない戦いを仕掛けないことだ。常に自分らしく生きること。そうすれば人生に負けはない。

私は、**もともと人生には勝ちも負けもないのだ、**と考えている。

だから、みなから尊敬されている人、権力のある人、高い名声を手に入れた人、つまり、明らかに人生に勝利したといわれる人を見ても、別段うらやましいとは思わない。

人生を豊かにする宝は、自分の中にしかないからだ。嫉妬《しっと》や羨望《せんぼう》は何の意味ももたらさないのである。

54 一度「正しい」と信じたことなら突き進め

「これは絶対にやらなければならない」と確固たる信念を持って行動するときには、他の人がどう考えているかを気にする必要はない。

自分の行動が正しいと確信しているなら、それを批判する人に対して、はばかることもためらうことも必要はないのだ。

行くべきときは行く。やるべきことはやる。

何か行動を起こすときには、何よりも確固たる意思があることが重要なのだ。

55 すべてを「分相応」にとどめる

どんなものもそれが本来、必要とされる〝枠〟をはみ出さないこと。枠内に踏みとどまるようにすることが大切だ。

たとえば、靴に必要とされるのは、〝履く〟こと。履きやすく、歩きやすければ、靴としては十分であるはずだ。

ところがいったんその枠を超えてしまうと、金色の靴、真紅の靴、刺繍《ししゅう》のある靴……と、とめどなく深みにはまっていってしまう。

ついには、眺めているにはよい靴だが履いて歩くのには適さない、という靴に手を伸ばしてしまうことになりかねない。

56 何事も「二度目」からは簡単にできる

どんなことでも実際に一度やってみると、二度目からは簡単にできるようになる。これは行動だけでなく、何かを考える場合も同じだ。

「一度善を行なうと善行がしやすくなる。これが善の報酬であり、一度、悪を行なうと、つい、また悪事を働いてしまうようになる。これが悪の罰だ」

これは、旧約聖書にある言葉だ。

ここで重要なのは、一度、行なってしまったことは絶対に取り返しがつかないということだ。一度、悪を行なえば、その後、どんなに善行を重ねたところで、悪を行なわなかったことにはできない。

したがって、人生で最も大切なのは、何よりもごく自然に善を行なう習慣を身につけることだとわかるだろう。

教育の最大の目的はここにあるのだ。

「善と悪を比べて善を選ぶ」というのでは心もとない限りだ。そこで、幼いうちから、何も考えなくても自然に善行を行なう習慣を身につけさせるように、親も教師もまわりの人たちも力を尽くさなければならない。

人が理想とすべきは、すべての善行が習慣的に行なわれ、すべての悪は、それを行なうとすれば生理的な不快感を抱く。そんな習慣を身につけてしまうことである。

そうなれば、自然に悪を行なうことはなくなり、ごく自然に、習慣的に善行を行なう人間性が育まれていくだろう。

57「よいこと」は書きとめる

自分を鍛え、健《すこ》やかで強い精神の持ち主になるには、小さな「よい習慣」をたくさん身につけることが大切である。

小さな「よい習慣」の種は日々の暮らしの中にいくらでも潜んでいる。

小さなノートをつくり、思いついたこと、気づいたことを書き加えていくことをおすすめしたい。

小さな「よい習慣」を行なう妨げになるのは、人間が本来持っているエゴイズムだ。これをいかにして取り除くかが課題となる。

また、誰でも好きなことと嫌いなことがある。人はつい好きなことばかり行ない、嫌いなことは避けてしまいがちだ。こうした偏りをなくし、必要なことは何でも行なえるようにすることも大きな課題だろう。

人生の目的を定め、それをひたすら追い求め、目的に反するものからは遠ざかろうと決意すれば、そこから自分自身を高めていく道が始まる。その道を進んでいくうちに、自分の能力を探求し、磨き上げるという新たな課題にも取り組むようになっていく。

ひたむきに、ためらうことなくその道を進んでいけば、やがて目指す目的に到達することができる。

こうした正しい人生を歩むときに必要なもの。善と正義に人を導き、健やかな精神をもたらす力となるものは……。

それは人を信じ、人を愛することができるという、誰の中にも必ず潜んでいる力である。

58 大切なものの〝本質〟を考える

自分が大切に思うもの、愛しているものは、その〝本質〟をしっかり理解することが必要だ。

たとえば、どんなに好きな壺でも、壺は壺にすぎない。そう理解していれば、その壺が割れてしまったときも、心が不必要に乱れることはないだろう。

こよなく愛する家族に対しても同じこと。朝夕、妻や子を抱きしめるときも、彼らは自分の妻や子であると同時に、一人の独立した人間なのだと自分にいい聞かせるようにするのだ。

そのような本質を理解していれば、妻や子が自分とは異なる考え方を主張した場合も、それを受け入れることができるだろう。

59 大丈夫だと「自分にいい聞かせる」

何かちょっとしたことが起こっただけで、すぐに動揺する人、取り乱す人がいる。これは人として未成熟な証拠だ。

心を乱されるような出来事に出合った場合は、自分の持てる力を動員し、しっかりそれに対抗するように努めることである。

たとえば、すばらしい美女に出会ったとしよう。心揺れ、誘惑に負けそうになることもある。しかし、自分には自制心があることを思い出すことで自分を抑えることができるのだ。

困難な仕事に出合ったら、誰でも心がくじけ、放り出したくなる。しかし、こんなときほど、自分の中にある根気よさを発揮するように努めればいい。粘り強く取り組めば、どんな仕事もやりこなせるだろう。

思いもかけない侮辱を受ければ、怒りで身がふるえ、我を忘れて報復したくなる。こんなときには、**「私は我慢強い人間だ」**と自分にいい聞かせるのだ。やがて怒りは去り、侮辱した人間に対して哀れみを感じるようにさえなる。

こんなふうに考えるように努めていると、しだいに人間として成熟してくる。そして、**何事に対しても心を乱されることがなくなっていく。**

60 失敗からたくさん学ぶ

この世に生きている限り、苦悩や不幸を避けて通るわけにはいかない。

したがって、人は、何らかの意味で不幸と折り合いをつけながら生きていかなければならない。不幸や苦悩に直面するたびに、いちいちうろたえてはいけないのだ。

多くの人は、不幸や失敗を恐れ、できるだけ不幸や失敗を避けようとする。しかし、幸福や成功はしばしば、

したがって、不幸や失敗をただ避けていたのでは、本当の幸福にはたどりつけない。

そもそも〝幸福〟とは何なのか。

私は〝幸福〟とは、次のようなことだと考えている。

一つは、喜んで自分の運命に従えること。不幸や失敗も含めて、だ。

もう一つは、毎晩、明日の朝、さわやかに目覚めることを楽しみに、おだやかに眠りにつけること。おだやかな眠りは、どんな不幸や失敗も癒してくれる、大きな力を持っている。

人は、不幸や失敗体験からたくさんのことを学ぶ。不幸を体験することにより、人は自分の力には限界があることを思い知らされる。自分の力でできること、同時に、自分の力では及ばないことを繰り返し知ることで、本当の勇気が湧いてくる。この勇気は決して傲慢《ごうまん》なものではない。謙虚でありながら、実は非常に力強い勇気だ。

総じて不幸には、それを体験した人の人格を深め、大きな人間に仕立てあげる力がある。

このように、不幸には、それを経験しなかった人は決して味わうことがない、内面的な深い幸福が潜んでいる。

「不幸は幸福の種である」――一見、矛盾しているように見えるこの言葉の真意は、そこにあるのだ。

5章

誰でも世界一幸福な人になれる

61「敵対関係から生まれた友情ほど長く続く」

世の中には、できれば敵など持たないほうがいいに決まっていると考えている人が多い。

ところが、意外なようだが、「一人の敵もない」という生き方は、決してほめられたものではない。意義ある人生を歩めば、どうしても、敵の一人や二人は持つようになるはずだからだ。

敵とつき合うことは、もちろん愉快ではないだろう。しかし、実際は実り多いものなのである。

「昨日の敵は今日の友」という言葉もあるように、長い人生では、敵が転じて大切な友になる場合も少なくない。そうでなくとも、敵はあなたの欠陥を鋭く指摘し、大きな刺激を与えてくれる貴重な存在である。

敵が正義に反する行動を取ったとしても、むやみに怒るべきではない。不公正な姿勢があれば、それをただすことは必要だ。ただし、どんなときにも、相手を憎しみの心で見ることは厳禁である。

万一、敵から悪意を仕向けられたら、寛大にそれを許そうとする態度をとるのが立派な人格者だという印象がある。しかし、それよりも、そんなことは早々と忘れてしまったほうがいい。悪意に満ちた行為を許すと、後々、苦々しい思いが残り、気分のいいものではないからだ。

敵対関係から生まれた友情は、最も信頼できるものである。なぜなら、互いの欠点がよくわかっているからだ。友情を育むようになったあとも、お互いにそれぞれの欠点を受け入れることができるから、友情は長く、深く続く。

一度壊れた友情が復活した場合についても、同じことがいえるはずだ。

62 相手の〝人間性〟を見抜く三つのポイント

人間関係を結ぶとは、もともと異なる人格の持ち主である他人と交わることだ。だから何をおいても、相手をよく理解しようとする気持ちを失ってはならない。

人を理解するには、三つの条件がある。

第一の条件は、相手を知ろうとする前に、まず、自分自身をよく知ること。自分への理解を十分、深めることだ。人間はおそろしく複雑な存在で、自分自身のことさえ理解できないままに一生を終わることが少なくない。晩年になってようやく、少しばかり自分のことがわかるようになればよいほうだろう。

第二の条件は、いうまでもなく、相手をよく知ろうとすること。

ただし、自分本位の理解ではなく、むしろ相手の立場に立って、その人間性などをよく知り、理解しようとする姿勢が大事だ。自分にとって都合のよい面だけを見ようとしないこと。相手の実像、それも全体像を知ろうとする姿勢が求められる。

第三の条件は、相手を完全に理解しようなどとは思わないこと。

この世に、自分と完全に同じ人間は一人として存在しない。人間は十人十色、千差万別。一人ひとり異なった個性を放つ存在だ。その一人ひとりをそれぞれ多少なりとも理解できればそれで十分である。

この三つの条件をクリアした上で、できるだけ虚心坦懐《きょしんたんかい》に純粋な心を持つこと。こうすれば、見せかけの姿に惑わされることなく、相手の本当の人間性を見抜く、たしかな目を持つことができるようになる。

自分自身のためだけに何かを欲さず、何かを求めようとしない、そんな私心のない人だけが、相手の人間性を本当に正しく理解できるのである。

63 相手を深く知りたいなら、「人生の目標」を尋ねる

相手を心底理解したいと望むなら、その人の家庭環境を知ることも大切だ。

「リンゴは幹から遠くには落ちない」という言葉があるように、誰でも多かれ少なかれ、生まれ育った家庭の影を引きずっている。

ところが実際は、相手の〝幹〟、つまり、生まれ育った環境を知らないままにつき合う場合も多いのだ。詮索しすぎにならないように気をつけながら、さりげなく相手の家庭環境を尋ねてみればいい。

人を理解するためには、相手が働いているところを見るのもいい。職場で仕事をしているとき、あるいは、家庭で家事や育児をしているところなど。

男でも女でも、人間性があらわになるのは、困難や心配事に直面したときだ。社交

の場や温泉地や避暑地など、日常から離れたところでは、その人本来の人間性はわかりにくいもの。こうした場で知り合い、意気投合したものの、あとになってとんでもない人だったとわかり、あわてることはよくある。

互いに相手の本当の姿をよく知らないまま、毎日のように一緒に食事をしたり、行動をともにして人間関係を深めたような気になっている。これが現代に多い交際の仕方だ。これでは軽率すぎるといわれても仕方ない。

かといって、引っ込み思案で、人づき合いに消極的な姿勢を見せれば、高慢な人だと誤解を招く恐れがある。そうかといって、誰彼かまわずつき合えば、いつもなら避けたはずの人ともつき合う羽目にもおちいる。

ある程度、相手の家庭環境がわかってから深いつき合いを始める、というスタンスは、こうした人間関係の落とし穴にはまらないための知恵でもある。

また、人を見分けるよい方法の一つは、その人が生涯の目標としているものを知ることだ。**権力を手にしたい、面白おかしく遊び暮らしたいというようなことを目標にしている人を信頼することはできない。**

人は年齢を重ねてくると、若いときよりもはるかにはっきりと、本性、つまり、そ

の人が本来持っている人間性を見せるようになる。

本当に敬虔《けいけん》な人は、老いがもたらすさまざまな困難を辛抱強く耐え忍ぶ。そうでない人は、年とともに気が短く、怒りっぽくなったり、上っ面だけの信仰心を深めたりする。

ケチ、嫉妬、名誉心、怒りっぽさ、あるいは官能的な悦楽にふけるクセなどが隠しようもなく表われてくることもある。

高齢になってなお、毅然《きぜん》と生きたと伝えられるローマ皇帝・アウグストゥスのように、最後まで立派にふるまい、生き抜く人はめったにいないものだ。

64 人の「よい面」を探すと、相手もそれに応えてくれる

人にだまされないための知恵を身につけよう。

たとえば、ずる賢い人に対しては、それとなく、「相手がだましにかかっていることはとっくに見抜いている」と示す。

相手の魂胆を見抜き、本当の目的は何なのかをはっきり問いただすのも一つの方法だ。

一番いい方法は、相手のずる賢さには目をつぶり、その人のよい面を探し出し、それだけを見るようにすることだ。すると、その人もそうなろうと努めることが多い。

実際に、よい人間に変わることだってあり得る。そうすれば、こちらも不快な思いをしなくてすむだろう。

65 〝親切な人〟になる

日々出会う人には、相手が誰であれ、できるだけ親切にふるまうことだ。他人に対して誠実に、親切にふるまっているときは、自分も不思議なほど心地よく、満たされているからだ。

すべての人に等しく親切にすることなど無理だというなら、まず、幼い子どもや貧しい人など、いわゆる弱者に愛を注ぐようにすればいい。

ところが人は、往々にして立派な人に先に目を奪われがちだ。

一見、立派に見えても、高圧的な態度をとる人や、自分の役に立たないとわかると手のひらを返したような態度をとる人もいる。そんな人に出会ったら極力無視し、関わりを持たないようにしたほうがいい。

金持ちの中には、チヤホヤされることに慣れすぎていて、人から親切心や愛情を示されても感謝することを知らない人もいる。そんな人ともできるだけ距離を置くようにしたほうがいい。

66 こんな態度に、その人の〝人間性〟が表れる

その人の本性、本当の人間性は、弱い人や不幸な人に対する態度を見ればすぐにわかる。

不幸な人と出会うとあからさまに嫌な顔をする人、「不幸な人間を救えるのは神しかいない。周囲があれこれ手を出すべきではない」などといい、関わり合いになるのを避けるような人は、間違っても高潔な人とはいえない。

子どもたちや貧しい人々から信頼され、敬愛を集めている人は、すばらしい人間性の持ち主だと断定しても間違いない。こうした人々との交わりは豊かな満足感をもたらし、深い人間性を育むものだ。反対に、子どもたちや貧しい人々から好かれない人はあまり信頼できないといっていい。

67 自分の陰口を糧にする方法

人からどう思われているか。そんなことは自分の本質には関わりのないことだとわかっていても、つい気になってしまうものだ。

誰かがあなたについて、身に覚えのない陰口をきいていると耳にしたとしよう。そんなとき、いちいち反論するのはかえってマイナスだ。「そう考える人もあるだろう」などとさらりと受け流し、むしろ陰口をきいた人の考え方をじっくり分析してみればいい。

たとえば、大きな仕事に取り組んでいて多忙なため、できるだけ人づき合いを避けていたとき、その様子を見た人が、「あの人はお金が惜しいので、誰ともつき合おうとしない」と陰で噂していると耳に入ってきた……。

こんなときは、「なるほど、そう思われても仕方がないかもしれない」と、まずその人の考えを受け止めてみる。そして、仲間の会合に参加できなくても多少のお金をカンパするというように、陰口をきいた人の考えを採り入れて行動してみればいい。

こうすれば、あなたを侮辱した人も、やがて態度を変えるはずだ。

陰口には根拠がないことが多いもの。事実とはかけ離れた陰口は放っておくのが一番いい方法である。

やがて、本当のことが広がる。そうなれば、陰口をきいた本人が深く傷つくだけで、あなた自身が傷つくことはない。

68 「折り合い」が悪くても家族は家族

人間関係、とくに家族との関係には義務もつきものだ。親は大切にしなければならないし、兄弟とも助け合っていかなくてはならない。

ところが中には、自分の父親は善人ではない、また、兄弟は自分にひどい仕打ちをした、というような場合もあるだろう。でも、それがあなたの父親であり、兄弟なのだ。**家族の縁は簡単に切れるものではない。**そうした場合は、限りなく寛大に、そして鷹揚《おうよう》に相手を許し、受け入れようと決意するほかない。

家族と縁を切ったり、まったく関わりを持たないという生き方は、想像以上につらく、多大なエネルギーを要する。**そんなことにエネルギーを注ぐなら、そのエネルギーを、相手を受け入れるために使ったほうがずっといい。**

69 用心したい「顔つき」「性格」「態度」

豊かな人間関係は人生を意義あるものにしてくれる。しかし、どんな人ともつき合ったほうがいいとは限らない。

たとえば、人の顔つきから、つき合うべきではない人を判断することができる。表情のない目、たえず落ち着かない視線、何かを探るような目つき、異様に高ぶった話し方をする人……こういう人は要注意だ。

親切心を持たない人も用心したほうがいい。中には、生来、意地悪な性格な人もいる。そんな場合、それを克服するのはきわめて困難だ。一生、底意地が悪いことも多いのである。

人から受けた恩義にどんな態度をとるか。これも大事なポイントだ。

受けた恩に深く感謝するのは、高貴な心の持ち主だけ。反対に、恩を忘れる人は、ほぼ例外なく卑しい心の持ち主だ。

たいていの人は、「恩を受けた」という重苦しい気持ちから逃れようとし、その結果、恩義に報いなければ、という気持ちまで捨て去ってしまう。

心の卑しい人は、借りた金を返す場合でさえ、「お金を返す自分のほうが立派な行為をしているのだ。返してもらう人は大いに感謝しろ」といわんばかりの態度をとったりするものだ。

70 持って生まれた「器量」を高める法

名声はその人を判断する絶対的な基準とならない。人の評判がまったく間違っていることはそうないが、ときには名声から想像する人物とは大きく違っている場合もある。

とくに著名な人の場合、しばしばそうした例が見かけられる。

人を評価する場合、最も重要なのはその人の器量。

器量とは、生まれながらの素質であり、どんなに高い教育を受けても、教養を積んでも得られない。

ネコはどんなに訓練しても獅子にはならないのと同じだ。

しかし、**苦難に耐えたり、優れた友人を得たり、すばらしい結婚生活を送ったりす**

ることにより、持って生まれた器量を高めていくことはできる。

ネコはネコでも、雄々しく立派なネコになれるのだ。

71 真の勇者ほど謙虚である

真の誠実さは何げない態度にこそ表われる。いかにも目につく派手なパフォーマンスは、いくら誠実そうに見えても、往々にして計算し尽くされた作為的なものであることが多い。

虚栄心の強い人、名誉欲の塊のような人もあまり信用できない。こうした人はたいてい内心では強い自己否定の感情を持っていることが多い。その反動で上辺《うわべ》を装い、自分に対する不満をごまかそうとしているにすぎないのである。

戦いに赴き、勝利を誇る人は真の勇気の持ち主とはいえない。こうした人のほとんどは、実は非常な臆病者なのだ。**真の勇者は勝利のあとにむしろ謙虚になるもの。**なぜなら、いかなる勝利も、相手を苦しめ、痛めつけた結果だからだ。

72 自己アピールは「淡々と」語る

〝高慢〟は人から軽蔑されるだけだ。

「自分から前へ前へと自分を打ち出すくらいでなければ、うまい世渡りなどできない」と考えているようでは、かりそめの成功しか手にできない。

自分の業績について、自分から進んで口にしたりしないこと。これが一番の方法だ。

どうしても自分の業績について語らなければならない場合は、静かにありのままを淡々と語るようにするのがいい。

自分の業績を自慢すれば反感を買うだけだ。

中には、自分の業績など取るに足らないもの、と口にしながら、実はかなりの業績をあげているのだとほのめかすような人も少なくない。これも戒めなければならない態度である。

謙虚さに欠け、少しの恥じらいもなく自分を自慢するような人は、性格的に欠点があると思われても文句はいえない。

少なくとも、そんな人を誰も本当に価値のある人とは認めようとはしないだろう。

73 「人から好かれる人」三つの共通点

人から好意を持たれる人には、いくつかの特徴があるものだ。

一つは、あるがままの自分を示し、とりつくろったり、隠し立てしない人。自分からこうした態度をとれば、相手も自分を率直に示すようになり、よい人間関係を築けるようになる。

とくに公の立場にある人は、〝透明な水晶〟のように、誰に対しても生活のすべてをありのまま見通せるようにしておかなければならない。

好意を持たれる人の二つ目の特徴は、気分にムラがなく、イライラしたり、押しつけがましいところがない人。

こういう人はまわりの気分までラクにする。人の幸福を喜び、不幸があれば同情と慰めを惜しまない人も、誰からも好意を持たれる。

三つ目の特徴は、バランスがよく、他者との距離をほどよく保ち、かといってエゴイスティックではなく、どんな人にも親切な人。

これらの特徴を備えた人の多くは、たとえ、世の中の進歩にこれといった貢献をしないとしても、大いに価値ある存在である。

74 知らない間に「軽蔑される人」

世の中には、自分でも気がつかないうちに、人から嫌われたり、軽蔑されたりする行動をとる人がいる。

その一つは、やたらに謙遜しすぎる人。

謙遜や自嘲的な態度の裏側には、かえって強い虚栄心や自分をひけらかす気持ちが潜んでいることが多い。本当に謙虚な人は、自分のことを多く語ろうとしないものだ。ところが、虚栄心に満ちた人は、自分をあえてけなしてみせ、「とんでもない。あなたは立派な方ですよ」といわれるように仕向ける。

自分をおとしめると見せて、人の注目を集めようとすることも少なくない。

二つ目は、陰口をいう人。

陰口をいうのは、間違いなく、悪い性格の持ち主である証拠だといっていい。

三つ目は、大きな失敗を経験したことがない人。あるいは失意の底に沈んだことがない人。

どん底の精神状態を体験したことのない人は、どこか高慢で独善的だ。親切心にも欠けていることが多い。

四つ目は、高慢なこと。

高慢は常に愚かさと結びついているものだ。虚栄心に満ちた人は、もの笑いの種になるだけだが、高慢な人はもっと救いがなく、人から軽蔑されてしまうだけだ。

75 〝自分の考え〟を受け入れてもらうには

「自分の考えを受け入れてもらいたいなら、感情を抑えて淡々と語るとよい」

これは、ドイツの哲学者・ショーペンハウエルの言葉だ。

大げさな形容詞を使わず、ごく当たり前の形容詞を使って淡々と話すことは、ぜひ身につけたい〝よい習慣〟の一つである。

人の意見に対して、反対意見を上手に述べられること。これは人間関係において非常に重要なスキルだ。

具体的にどうすればいいか。

それは、十分な根拠をあげて反対理由を述べ、相手の納得を得るように努めることだ。

どんな場合でも「あなたは間違っている。考え方を改めるべきだ」などと命令するようなことは避けるべきである。

上手に反対意見を述べれば、相手は、自分の意見も大いに敬意を払われたのだと満足する。そして、なぜ自分の意見が否定されたのかも理解するはずだ。

ときには、相手に関わりを持たないことも大事なことだ。〝不介入主義〟をつらぬくほうがよい場合もある。

「考えておきましょう」「これはもう少し、考えてみたほうがよいでしょう」などといって好意を示しながら、最終結論を引き延ばすのである。そうこうしているうちに、問題が解決してしまうこともしばしばあるものだ。

もちろん、不正に対しては断固反対し、はねつけなければならない。

最悪のケースは、嫌々ながら譲歩してしまうこと。これでは〝二重の敗北〟を食らったのと同じことになってしまうからである。

76 何よりも自分自身のために

名誉や単なる快楽を追い求めれば、奴隷のように人に従うしかない。人生で本当に求めるべきものは、そんな名誉や快楽ではなく、〝愛〟だ。

愛がない人生なんて、ぽっかりと空洞があいたように、むなしいものである。

愛の本質は、何よりも自分自身のために、ということだ。相手が愛するに値するかどうかなどと問う必要はない。

愛のない人生ほど悲惨なものはない。

愛のない暮らしは人を憎しみやすい性格に変えてしまい、生きている甲斐もないと思わせてしまう。

一方、深い愛を持って生きている人は、まわりの人の心を深く洞察し、ときには奇跡のような偉大な力を発揮する。

とにかく、何があってもどんな場合にも愛を失わないこと。それこそが心を常に平穏に保ち、この世のあらゆることに対して前向きな関心を失わないためのただ一つの方法だからだ。

もうひと言。

愛はきわめてエゴイスティックな一面も持っている。

「私は、私を愛してくれる人を愛し、私を憎む人を憎む」

詩にあるようなこんな愛し方をしていれば、やがて、あなたは多くの憎しみと、ほんのわずかな愛を得るだけになるに違いない。しかし、人は誰でも、ときにそうしたくなる衝動を秘め持っているもの。

だからこそ、突き上げるような愛に溺れることなく、自然に湧き、満ちてくるような愛を静かに育むべきなのだ。

人を愛することが習慣のように自然に身についている……そうなれば、本当の幸福は自然にあなたのものになるだろう。

（了）

本書は、小社より刊行した単行本を再編集の上、改題したものです。

カール・ヒルティ（Carl Hilty）

一八三三―一九〇九

スイスの法学者、思想家。代々医師の旧家に生まれ、ドイツのゲッティンゲン、ハイデルベルクの両大学で法学や哲学を学んだ。著述家としては、『眠られぬ夜のために』、『書簡集』、『新書簡集』、『読書と演説』、『病める魂』、『永遠の平和』など、多くの著作を発表した。

齋藤　孝（さいとう・たかし）

一九六〇年、静岡県生まれ。東京大学法学部卒業。同大学院教育学研究科博士課程等を経て、現在、明治大学文学部教授。専攻は教育学、身体論、コミュニケーション技法。

ベストセラーとなった『声に出して読みたい日本語』（草思社・毎日出版文化賞特別賞受賞）などで提唱した独自の方法論は、教育業界のみならず広く日本人に感銘を与えた。NHK教育テレビ「にほんごであそぼ」の総合指導も行なっている。

著書に、『眼力』（三笠書房）、『使える！「孫子の兵法」』（PHP研究所）など、また訳書に『求心力　人を動かす10の鉄則』（三笠書房）など多数がある。

知的生きかた文庫

生《い》きる喜《よろこ》びは、仕事《しごと》とともにある
ヒルティの幸福論《こうふくろん》

著　者　カール・ヒルティ
訳　者　齋藤《さいとう》　孝《たかし》
発行者　押鐘太陽
発行所　株式会社三笠書房
〒一〇二―〇〇七二　東京都千代田区飯田橋三―三―一
電話〇三―五二二六―五七三四〈営業部〉
〇三―五二二六―五七三一〈編集部〉
http://www.mikasashobo.co.jp
印刷　誠宏印刷
製本　若林製本工場

ISBN978-4-8379-8139-8 C0130

「知的生きかた文庫」の刊行にあたって

「人生、いかに生きるか」は、われわれにとって永遠の命題である。自分を大切にし、人間らしく生きよう、生きがいのある一生をおくろうとする者が、必ず心をくだく問題である。

小社はこれまで、古今東西の人生哲学の名著を数多く発掘、出版し、幸いにして好評を博してきた。創立以来五十余年の星霜を重ねることができたのも、一に読者の私どもへの厚い支援のたまものである。

このような無量の声援に対し、いよいよ出版人としての責務と使命を痛感し、さらに多くの読者の要望と期待にこたえられるよう、ここに「知的生きかた文庫」の発刊を決意するに至った。

わが国は自由主義国第二位の大国となり、経済の繁栄を謳歌する一方で、生活・文化は安易に流れる風潮にある。いま、個人の生きかた、生きかたの質が鋭く問われ、また真の生涯教育が大きく叫ばれるゆえんである。そしてまさに、良識ある読者に励まされて生まれた「知的生きかた文庫」こそ、この時代の要求を全うできるものと自負する。

本文庫は、読者の教養・知的成長に資するとともに、ビジネスや日常生活の現場で自己実現できるよう、手助けするものである。そして、そのためのゆたかな情報と資料を提供し、読者とともに考え、現在から未来を生きる勇気・自信を培おうとするものである。また、日々の暮らしに添える一服の清涼剤として、読書本来の楽しみを充分に味わっていただけるものも用意した。

良心的な企画・編集を第一に、本文庫を読者とともにあたたかく、また厳しく育ててゆきたいと思う。そして、これからを真剣に生きる人々の心の殿堂として発展、大成することを期したい。

一九八四年十月一日

押鐘冨士雄

知的生きかた文庫

般若心経、心の「大そうじ」

名取芳彦

般若心経の教えを日本一わかりやすく解説した本。「笑って死んでいくためには、笑って生きること」「トイレそうじとは自分を磨くこと」「〈いい年寄り〉にならなくていい」など、ラクに生きるヒントが満載。手にしたときから、人生が変わります！

疲れない体をつくる免疫力

安保 徹

免疫学の世界的権威・安保徹先生が、「疲れない体」をつくる生活習慣をわかりやすく解説。「なるべく日光をよく浴びる」「1日に3回、爪をもんでみる」「お風呂にゆったりと浸かってみる」などなど、ちょっとした工夫で、みるみる体が元気に！

本多静六 成功するために必要なシンプルな話をしよう

本多静六

東大教授にして伝説の大富豪が残した15の成功法則。「お金をムダなく活かす」「仕事を道楽にする」そして「たまに仕事を一切忘れる」――シンプルだから「深い」、シンプルだから「すぐできる」！ 強く、幸福な人生を送るための確実な法。

C30069

知的生きかた文庫

スマイルズの世界的名著

自助論

人生を最高に生きぬく知恵

S.スマイルズ 著
竹内 均 訳
東大名誉教授

◎『学問のすゝめ』とともに日本人の向上心を燃え上がらせてきた名著中の名著！

「天は自ら助くる者を助く」――

この自助独立の精神にのっとった本書は、刊行以来今日に至るまで、世界数十カ国の人々の向上意欲をかきたて、希望の光明を与え続けてきた。

『向上心』と並ぶスマイルズの二大名著！


この名著は、「何かやりたい！」と、うずうずしている人へ最高のアドバイザー！

- この一日十五分の〝やりくり〟が人生の明暗を分ける！
- 倒れるたび、力をつけて立ち上がる人の〝エネルギー充電法〟
- 〝チャンス〟をことごとく生かしていく人の「次の一手」
- 「よい忠告」よりも「よい手本」を探せ！
- 努力が苦手な人でも、たったこれだけで努力をするのが楽しくなる！
- 人からの〝アドバイス〟はこう受けるのが正しい
- 成功者がみんな生かしている、この「実務能力」とは？

C10007